PROFIL D'U

Collection dirigée par Geor

DE «RENÉ» AUX « MÉMOIRES D'OUTRE-TOMBE »

CHATEAUBRIAND

Analyse critique

par Claude-André TABART
Agrégé des Lettres

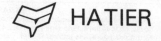

HATIER

Sommaire

Introduction 4

Première partie : François-René de Chateaubriand 5

1. Un long itinéraire.. 6

2. Chateaubriand et son temps 13

Les tâtonnements de l'Histoire 13
Sciences et techniques : des pas de géant 14
Art et littérature : une sensibilité nouvelle 15

3. Face à la politique et à la religion 18

En politique : un conservateur éclairé 18
Face à la religion : une fidélité tourmentée........... 22

Deuxième partie : *René* 27

1. Résumé de *René* 28

2. Qui est René ? 33

Un frère jumeau de Chateaubriand ? 33
● Coïncidences anecdotiques et affinités psychologiques. 33
● Chateaubriand et René en exil 34
● La transposition romanesque 34
Un personnage moderne................................ 36
● Un héros d'un nouveau style 36
● René, notre contemporain 38

3. La thématique de *René* 39

Les thèmes essentiels 39
● La solitude 39
● Le voyage 41
● La Mort 42
L'orchestration des thèmes 44
● Les décors de la solitude 44
● Les musiques de la rêverie.......................... 44
● Les images de la Mort 45
● Le jeu des correspondances 45

© HATIER PARIS, MARS 1984

ISSN 0750-2516 ISBN 2-218-**06872**-9

4. Chateaubriand poète en prose 47

Des tableaux enchanteurs.......................... 47
Un roman lyrique.................................. 49
• L'effusion du « moi »............................ 49
• Chateaubriand musicien 49
Un langage daté................................... 51

Troisième partie : *Mémoires d'Outre-Tombe* 53

1. Résumé des *Mémoires* 54

2. Les thèmes majeurs des *Mémoires* **: du Temps à l'éternité** 62

Le Moi face au Temps et à la Mort 62
Mélancolie, angoisse et solitude 64
Le souvenir et les songes 65
Le Temps vaincu : le monument des *Mémoires* 67
La mer, toujours recommencée 69

3. Véracité des *Mémoires* **?** 71

Les pudeurs du vicomte............................ 71
Chateaubriand metteur en scène 72
Petites et grandes tricheries......................... 73
• Dans la vie personnelle et la carrière littéraire........ 73
• Sur le plan politique 73
• Lucile trahie 74
Quelques inventions pures et simples 75
« L'œuvre d'art est un beau mensonge » (Stendhal) 76

Bibliographie succincte............................ 78

Index thématique.................................. 80

• Les références à *René* renvoient à l'édition Folio (Gallimard).

• Les références aux *Mémoires* renvoient aux 4 tomes de l'édition Garnier-Flammarion.

Introduction

Lire Chateaubriand aujourd'hui ? Drôle d'idée, pensera-t-on peut-être : que ne le laissons-nous dormir dans la glorieuse poussière des « morceaux choisis » du collège ? Eh bien, non : à travers *René* et les *Mémoires d'Outre-Tombe*, nous proposons ici qu'on redécouvre un immense écrivain qui n'a pas cessé d'avoir beaucoup à nous dire.

Dans le bref récit de *René* comme dans l'énorme fresque des *Mémoires*, sous le masque du héros comme à la première personne, un homme est là, Chateaubriand, qui chante à la fois le mal et l'exaltation de vivre. René nous invite à rêver d'ailleurs, le Chateaubriand des *Mémoires* nous entraîne avec lui dans le bouillonnement des siècles et sur les chemins de l'Histoire. Qui de nous n'est pas l'un et l'autre ensemble, tenté par le repli sur soi, attiré par les jeux du monde ?

Comme Chateaubriand, nous sommes aussi entre deux siècles : à l'heure du bilan de toute une culture, face à un nouveau millénaire, qui fascine et fait peur. Ce sens de la culture humaine, inestimable et fragile trésor, Chateaubriand l'aura sans doute eu plus que tout autre : à ce signe, nous dit André Malraux, se reconnaît l'homme moderne.

Suivons-le donc sur les bruyères de *René*, et dans le labyrinthe des *Mémoires*, ce poète qui s'émeut aussi bien du chant d'un oiseau que de l'effondrement des trônes et des empires. Cette voix hautaine, et lasse, et passionnée, qui tout au long témoigne de ce que Diderot superbement appelle « la puissance créatrice des époques troublées », c'est celle du défi de l'Homme dans les ruines.

PREMIÈRE PARTIE :

FRANÇOIS-RENÉ DE CHATEAUBRIAND

1   Un long itinéraire

Quand Victor Hugo meurt, en 1885, il a 83 ans ; quand Laforgue disparaît, en 1887, il en a 27. Le XIXᵉ siècle a ceci de remarquable, dans l'Histoire des Lettres : on y rencontre des fleurs maladives qui ne vivent pas cinquante ans (Musset, Nerval, Baudelaire), ou des soleils vite engloutis (Rimbaud meurt à 37 ans, Lautréamont à 24) - et, face à eux, des patriarches, qui passent le cap des 75 ans (Lamartine, Michelet, Leconte de Lisle).

1768-1848 : François-René de Chateaubriand appartient à la seconde espèce. « Je me suis rencontré entre deux siècles, nous dira-t-il à la fin de ses *Mémoires*, comme au confluent de deux fleuves ; j'ai plongé dans leurs eaux troublées, m'éloignant à regret du vieux rivage où je suis né, nageant avec espérance vers une rive inconnue... »

Donnée fondamentale que cette longue existence, qui a vu mourir un monde, celui de l'Ancien Régime, et s'en profiler un autre - celui dont nous sommes les héritiers. Nous la saisirons aux deux extrémités : l'aventure du jeune homme, avec *René* (en 1802, Chateaubriand a 34 ans), et le regard en arrière des *Mémoires d'Outre-Tombe*, commencés dans la force de l'âge (1809), et achevés à 74 ans, quelques années avant la mort.

A/ 1768-1800 :
DU BERCEAU À L'ÂGE MÛR (32 ANS)

• *4 septembre 1768 : « J'étais presque mort quand je vins au jour »*

François-René de Chateaubriand naît à Saint-Malo, une nuit d'orage. Il est le dixième et dernier enfant d'une famille d'aristocrates bretons, dont la noblesse remonte au XIᵉ siècle. Son père a 50 ans, sa mère, 42. Quatre des enfants sont morts en bas âge. Survivent un seul garçon, Jean-Baptiste, et quatre filles. Chateaubriand vouera une affection sans bornes à la dernière, Lucile, de 4 ans son aînée.

• *1768-1782 : enfance et adolescence*

Confié à sa grand-mère maternelle, François-René coule à Plancoët des jours heureux : « Si j'ai vu le bonheur, dira-t-il plus tard, c'était certainement dans cette maison... » A l'âge de 3 ans, on le ramène à Saint-Malo. Il y vit avec ses quatre sœurs, s'attache à la servante qui prend soin de lui : la Villeneuve. Jusqu'à 7 ans, voué à Notre-Dame, il n'est vêtu que de bleu et de blanc - comme le jeune Gargantua et le petit Apollinaire ! Les sœurs Couppart, « deux vieilles bossues habillées de noir », tentent sans grand succès de lui apprendre à lire : il préfère polissonner sur la grève avec ses camarades...

1777 : François-René a 9 ans. Il passera désormais ses vacances d'été au château de Combourg, où les Chateaubriand s'installent définitivement. Pensionnaire au collège de Dol, il y fera sa première communion à 12 ans. Forte mémoire et goût d'apprendre, il brille en latin et mathématiques. Il passera un peu plus d'un an (octobre 1781 - décembre 1782) chez les Jésuites de Rennes.

• *1783-1788 (15-20 ans) : la Marine ou l'Église ?*

Le père de Chateaubriand, René-Auguste, s'était enrichi comme armateur (pêche, commerce, traite des Noirs) : François-René sera-t-il marin ? Il prépare à Brest le brevet d'aspirant, puis, au bout de six mois, y renonce. Il traverse en effet, autour de sa dix-huitième année, une période de fièvre spirituelle : tenté par la prêtrise, caressé par « le premier souffle de la Muse », il vit dans l'intimité exaltée de sa sœur Lucile. C'est alors qu'il crée un personnage imaginaire, « la Sylphide », en lui donnant les traits de toutes les femmes qui l'ont ému - et qu'il tentera de se suicider.

Il renonce à entrer dans les ordres, et voit échouer l'un après l'autre ses projets de voyages. En 1786, alors qu'il sert au régiment de Navarre, son père meurt. C'est à Jean-Baptiste qu'échoit Combourg. François-René, lui, n'aura qu'une maigre rente. Il est présenté au roi, à Versailles (1786) - et assistera, en janvier 1789, aux premiers troubles sanglants de la Révolution.

● *1789-1791 : du Paris révolutionnaire au voyage en Amérique*

Chateaubriand a 20 ans quand tombe la Bastille. Il voit passer au bout des piques des têtes d'aristocrates. Jusque-là séduit par la Révolution des *idées* (il y retrouve l'enseignement de Voltaire, qu'il admire), il prend en horreur « les festins de cannibales », et songe à voyager au loin. Il reste cependant à Paris deux années encore, écrivant beaucoup et faisant des dettes. Puis, muni d'une lettre de recommandation pour le président George Washington, il s'embarque pour le Nouveau Monde (avril 1791).

● *1791-1792 : le Nouveau Monde et le mariage (23-24 ans)*

En Amérique, Chateaubriand ne verra (sans doute) pas G. Washington - mais Baltimore, Philadelphie, New York, Boston, les chutes du Niagara... Il en ramène mille impressions vives qui, mêlées à ses lectures et aux récits des voyageurs, vont alimenter son *Voyage en Amérique* (1826) et une partie des *Mémoires d'Outre-Tombe*.

Janvier 1792 : Chateaubriand rentre en France. On lui fait faire un mariage d'argent, avec une amie intime de Lucile, Céleste Buisson de la Vigne. Elle a 18 ans, lui 23. Elle est fort jolie, mais François-René, tout à sa « vieille maîtresse, la mer », ne se sent « aucune qualité du mari » !... Les époux ne vivront d'ailleurs vraiment ensemble qu'à partir de 1804 - et n'auront pas d'enfants.

5 mois à peine après son mariage, Chateaubriand rejoint en Allemagne l'armée des Princes émigrés, commandée par les frères de Louis XVI. Blessé à la cuisse, atteint par la petite vérole, il va bientôt s'embarquer pour Jersey, où il passera quatre mois.

● *1793-1799 (25-31 ans) : l'Angleterre - deux morts cruelles*

Les sept années anglaises de Chateaubriand seront pénibles à divers titres. Existence assez misérable, avec ses maigres subsides d'émigré : pour vivre décemment, il enseigne le français dans un collège, et donne des leçons particulières. Une idylle avec la fille du pasteur Ives, qui l'héberge, tournera court : « Je suis marié ! » De plus, son médecin le croit condamné à brève échéance... Mais surtout le malheur frappe. Sa mère emprisonnée, son frère guillotiné, la vente aux enchères des biens de Combourg : c'est la sombre année 1794. Et en 1798 (il vient de publier le premier tome de l'*Essai historique sur les Révolutions* et travaille au *Génie du Christianisme*), il apprend la mort de sa mère par une lettre de sa sœur Julie. Il prétendra qu'elle lui parvint alors que cette dernière était morte elle-même, et que ce double choc l'a ramené à la foi de son enfance : « Ces deux voix sorties du tombeau m'ont frappé (...) J'ai pleuré et j'ai cru. »...

B/ 1800-1814 : LA FORCE DE L'ÂGE (32-46 ans)

• *1800-1804 :* Atala, *le* Génie du Christianisme, *les ambassades*

La Révolution a pris fin : Chateaubriand peut rentrer en France. 1801 sera pour lui une année capitale : il publie, en avant-première du *Génie du Christianisme*, l'épisode d'*Atala*. C'est un triomphe. Bonaparte, Premier Consul, accepte de le radier de la liste des émigrés. Enfin, il rencontre celle qui sera plus tard le grand amour de sa vie : Juliette Récamier, la femme du richissime brasseur d'affaires, l'amie intime de Mme de Staël.

En 1802, son *Génie*, monumentale apologie de la religion chrétienne, qui comprend *Atala* et *René*, obtient un succès foudroyant. Chateaubriand devient célèbre, et Bonaparte le nomme secrétaire d'ambassade à Rome (1803). Il commence à écrire une épopée chrétienne, *Les Martyrs*, et songe à de futurs *Mémoires de ma vie*.

1804 : pour frapper de terreur l'opposition royaliste, Bonaparte fait exécuter le duc d'Enghien - de la famille des Bourbons. Chateaubriand démissionne aussitôt du poste d'ambassadeur en Suisse qu'il occupait alors. Il n'assistera pas au sacre de Napoléon. Il reprend la vie commune avec sa femme - et apprend la mort de sa sœur bien-aimée, Lucile : devenue folle, elle s'est probablement suicidée. Elle avait 40 ans...

• *1806-1809 : l'Orient et la Vallée-aux-Loups (38-41 ans)*

Après un voyage en France et en Suisse (où ils vont voir Mme de Staël à Coppet), les Chateaubriand s'embarquent pour l'Orient. Céleste n'ira que jusqu'à Venise. Son mari, lui, verra la Grèce, la Turquie, Jérusalem, l'Égypte. Il rentre par l'Espagne, où une de ses maîtresses, Mme de Noailles, l'attend à Cordoue (mars 1807). Un de ses articles du *Mercure de France* ayant déplu à l'Empereur, il doit abandonner la direction de cette revue. Retiré dans sa maison de la Vallée-aux-Loups (à Châtenay-Malabry, près de Paris), Chateaubriand fait paraître *Les Martyrs* (1809) et commence *Les Aventures du dernier Abencérage*.

• *1811-1814 : l' « opposant » (43-46 ans)*

L'*Itinéraire de Paris à Jérusalem* (1811) remporte un grand succès. Chateaubriand commence ses *Mémoires d'Outre-Tombe*, dont la rédaction s'étalera sur 30 ans. En 1811, l'Empereur favorise son élection à l'Académie Française. Cela ne l'empêche pas de publier 3 ans plus tard un pamphlet anti-napoléonien : *De Buonaparte et des Bourbons* - et de présenter son opposition toute fraîche à l'Empire comme une résistance qui remonte à douze ans !

C/ 1815-1830 : D'UN ROI L'AUTRE (47-62 ANS)

Après l'abdication de l'Empereur (avril 1814), Chateaubriand accueille à Paris le comte d'Artois. Mais on ne sollicite pas son concours pour rédiger la Charte de la Monarchie restaurée. On préfère l'honorer d'un poste de ministre en Suède (qu'il ne rejoint pas), et d'une décoration, la Croix de Saint-Louis.

• *1815-1824 : Louis XVIII*

Mars 1815 : Napoléon revient de l'île d'Elbe. Louis XVIII s'enfuit en Belgique où Chateaubriand l'accompagne ; il devient ministre de l'Intérieur par intérim, ministre d'État, puis, après Waterloo, membre de la Chambre des Pairs, l'une des deux Assemblées de la Restauration. Mais à l'automne 1816, sa *Monarchie selon la Charte* s'élève violemment contre l'avènement du nouveau ministère, trop modéré : Chateaubriand est révoqué.

Et l'année 1817 sera dure : à 48 ans, accablé par les dettes et la maladie, Chateaubriand doit vendre sa maison et sa bibliothèque. Seul le réconforte l'amour de Juliette Récamier. 1818 : il lance *Le Conservateur*, organe ultra-royaliste qui cessera de paraître en 1820 pour avoir refusé de se soumettre à la censure nouvellement instaurée. Mais Chateaubriand s'est rapproché de Louis XVIII, qui le nomme ministre à Berlin (1821), chevalier de la Légion d'Honneur (1821), ambassadeur à Londres (1822), ministre des Affaires étrangères enfin.

Il pousse à l'intervention militaire française en Espagne, pour aider le roi Ferdinand VII à y rétablir la monarchie absolue. L'expédition est un succès (1823). Chateaubriand devient chevalier des Ordres du Roi. Mais un désaccord politique le fait chasser du ministère « comme un laquais » (juin 1824). Il entre aussitôt dans l'opposition... jusqu'à l'avènement de Charles X, au sacre duquel il assistera (mai 1825).

• *1824-1830 : Charles X*

A 58 ans, Chateaubriand signe le contrat de publication de ses *Œuvres complètes* (550 000 francs de l'époque, le prix du petit pavillon que le ménage habitera jusqu'en 1838 à Paris...). En 1827, il stigmatise dans une brochure le rétablissement de la censure, et prône la liberté de la presse. Ambassadeur à Rome (1828), il salue l'élection de Pie VIII (1829). En août 1829, il remet sa démission à Polignac, nouveau Premier Ministre, dont il désapprouve le programme.

La Révolution de juillet 1830 porte au pouvoir le duc d'Orléans, Louis-Philippe. Chateaubriand demeure « légitimiste », c'est-à-dire fidèle aux Bourbons détrônés. Il refuse de prêter serment au nouveau Roi des Français, et décide de quitter la vie politique.

D/ 1830-1848 :
LES DERNIÈRES ANNÉES (62-80 ANS)

• *1830-1838 (62-70 ans) : de la politique aux* Mémoires

Chateaubriand participe en 1832 au complot fomenté par la duchesse de Berry, légitimiste, contre Louis-Philippe : cela lui vaudra 15 jours de prison. Mais la Cour d'Assises le relaxe, aux acclamations de la foule. L'année suivante, Charles X en exil à Prague le reçoit plusieurs fois. Candidat légitimiste, il est battu en 1834 aux législatives partielles de Quimperlé. Il donne lecture, chez Mme Récamier, des 12 premiers livres de ses *Mémoires d'Outre-Tombe*. Installé à Paris rue du Bac en 1838, il y mourra dix ans plus tard.

• *1840-1848 :* La Vie de Rancé, *la mort*

19 juillet 1840 : « Les *Mémoires* sont finis », écrit Chateaubriand à Mme Récamier. En fait, il achèvera la *Conclusion générale* 15 mois plus tard. Les années 1843/44 sont consacrées à la biographie d'un réformateur de la Trappe cistercienne au XVIIe siècle : c'est *La Vie de Rancé*, écrite à l'instigation du directeur de conscience de Chateaubriand.

En 1845, il relit scrupuleusement le texte de ses *Mémoires*. A partir de 1846, sa santé décline constamment. Il perd sa femme en 1847, et meurt, paralysé, d'une fluxion de poitrine, le 4 juillet 1848. Le 19, il est inhumé, conformément à ses dernières volontés, sur le rocher du Grand-Bé, dans la rade de Saint-Malo, « face à la mer (qu'il a) tant aimée ».

Le temps de Chateaubriand, ce sont les années qui mènent du milieu du XVIIIe au milieu du XIXe siècle. La période est critique pour notre société : son histoire, comme celle de l'Europe entière, subit une forte accélération. Chateaubriand s'y montrera particulièrement attentif et sensible.

C'est une ère de bouleversements politiques : après la Révolution de 1789, les régimes se succèdent à la recherche d'un nouveau système - dont la bourgeoisie devient peu à peu la classe dirigeante.

L'économie, quant à elle, connaît une mutation, avec l'essor industriel qu'entraînent les progrès des sciences et des techniques.

Parallèlement enfin, on voit se transformer, en musique, en peinture, en littérature, un autre univers : celui de la sensibilité.

LES TÂTONNEMENTS DE L'HISTOIRE

Quand naît Chateaubriand, Louis XV règne encore. Quand il meurt, les révolutionnaires de 1848 viennent de proclamer la seconde République de notre Histoire. Entre-temps, il aura connu deux Révolutions, le Directoire, le Consulat, l'Empire napoléonien, et les derniers feux de la royauté, avec Louis XVIII, Charles X et Louis-Philippe. « On s'endort, écrit-il, au bruit des royaumes tombés pendant la nuit, et que l'on balaye chaque matin devant sa porte... »

Rompant avec des siècles de continuité politique, la Révolution de 89 a fait entrer la France dans une ère d'incertitudes et d'instabilité. On abat la monarchie en 1792, mais 22 ans plus tard (1814), on la restaure[1]. La Révolution se

1. Sous une autre forme, il est vrai : d'absolue qu'elle était, elle devient parlementaire...

donne des chefs, Danton et Robespierre, puis les guillotine. C'est par un coup d'État que, le 18 Brumaire 1799, Bonaparte prend le pouvoir ; c'est par une révolution qu'en juillet 1830 Louis-Philippe accède au trône...

Notre Histoire tâtonne, avec des à-coups et des repentirs. On y discerne pourtant quelques lignes de force. Napoléon n'a régné que 10 ans, mais réorganisé durablement tout notre système administratif, judiciaire, financier, religieux et scolaire. A la faveur de la Restauration, l'aristocratie d'Ancien Régime a cru retrouver sa prépondérance, mais son temps est passé. L'heure de la bourgeoisie a sonné, qui utilise la révolution populaire de 1830 pour installer au pouvoir un roi tout acquis à ses intérêts.

Tantôt simple témoin des luttes politiques, tantôt plongé dans l'action (aux Affaires étrangères), Chateaubriand toujours peindra le passé qui se meurt et le présent qui se transforme. En désavouant l'ordre ancien auquel il appartenait, l'Histoire a meurtri le vicomte ; l'écrivain n'en a pas moins gardé pour elle une passion intacte.

SCIENCES ET TECHNIQUES : DES PAS DE GÉANT

En quelques décennies, notre société passe de l'ère agricole (millénaire) à l'ère industrielle. Elle adopte de nouveaux moyens de locomotion (voiture à vapeur, puis chemin de fer) et de tissage (métier Jacquard). Lavoisier fonde la chimie moderne, et les sciences biologiques prennent leur essor. On découvre l'uranium et l'électromagnétisme. On invente la pile électrique et le télégraphe, l'éclairage au gaz et la turbine hydraulique... La pomme de terre de Parmentier renouvelle notre alimentation, la photographie de Niepce et Daguerre, notre manière de représenter le monde qui nous entoure - donc, à moyen terme, de le *voir*.

Que de bouleversements au cours d'une vie d'homme ! La lune même, à qui Chateaubriand demanda si souvent d'éclairer ses décors, des astronomes en ont dressé la carte[1]...

---

1. 1775. D'autres jalons, pour mémoire : travaux de Lavoisier, 1780/89 ; métier Jacquard, 1801 ; électromagnétisme, 1820 ; chemin de fer, 1833 ; photographie, 1839.

ART ET LITTÉRATURE : UNE SENSIBILITÉ NOUVELLE

Une époque ne se réduit jamais à son Histoire, à son économie : elle a aussi une âme. Celle qui va s'épanouir avec Chateaubriand, dans tous les domaines de la création, c'est l'âme romantique.

Sensible tour à tour aux beautés de l'intime et du grandiose, elle vibre aux bruissements et aux orages de la Nature, aux tempêtes de la passion, aux grondements de l'Histoire. Elle soupire de tristesse ou de mélancolie, et souvent s'abandonne aux puissances de l'imagination.

• *Musiques du Romantisme*

Beethoven, qui voit le jour deux ans après Chateaubriand, puise son inspiration aux mêmes sources que l'Enchanteur. *Clair de Lune, Appassionata* : voici que des Sonates incarnent l'univers même de *René*[1]. « Plus d'expression de sentiment que de peinture descriptive », lit-on en exergue de la *Pastorale* (1808) : la formule conviendrait bien à l'œuvre de Chateaubriand.

Après Beethoven, Schubert et Schumann, Chopin et Berlioz continuent de façonner la sensibilité romantique. *La jeune fille et la Mort, Les Amours du Poète*, les *Nocturnes* et la *Fantastique* chantent les puissances de la Nuit, le bouillonnement des passions, la fragilité humaine[2]. C'est aussi le registre de François-René.

Le romantisme musical va culminer après sa mort. La passion théâtrale et les tableaux d'Histoire qu'il aimait tant, le déchaînement des forces humaines et cosmiques, ce sont les opéras de Verdi et Wagner qui les mettront en scène dans la seconde moitié du XIXe siècle.

• *Le dessin ou la couleur ?*

Né au siècle de Fragonard, Chateaubriand verra les peintres de son temps se détourner de son inspiration galante et frivole. Les uns adopteront le style austère et dépouillé

---

1. Lorsqu'il voit la Lune sillonner les nuages, René sent la vie « redoubler au fond de son cœur ». La première *sonate* est de 1801, la seconde de 1804, *René* de 1802.
2. Respectivement 1824, 1840, 1833-46, 1830.

d'un David, les autres la palette colorée d'un Delacroix. Car la création picturale se partage équitablement entre deux grandes tendances : le culte du dessin, aux lignes pures et harmonieuses, hérité du Classicisme, et l'explosion de la couleur, typique du Romantisme. De la même année 1827 datent par exemple une grande fresque d'Ingres, solennelle et figée, *L'Apothéose d'Homère*, et chez Delacroix une orgie funèbre, rouge et or : la *Mort de Sardanapale*...

Chateaubriand, nourri de culture classique mais admirateur de Rousseau, gardera de la première le goût de la perfection formelle, et du second le sens de la vibration expressive. Comme les peintres de son époque, il aura une prédilection marquée pour l'Histoire, le goût du paysage aussi, que manifestent en Angleterre Constable ou Turner. Chez ce dernier, les contours s'effacent, et la couleur triomphe. Avec *Pluie, Vapeur et Vitesse* (1844), la peinture moderne a déjà commencé.

• *Le Romantisme littéraire*

L'œuvre de Chateaubriand inaugure les grands thèmes du Romantisme français. *René* chante ce mal de vivre qu'on baptisera « mal du siècle » et qu'illustreront, parmi d'autres, l'*Adolphe* de Benjamin Constant (1816) et le *Lorenzo* de Musset (1834). Le *Génie du Christianisme* ouvre la voie à l'émotion spirituelle qui fera s'épanouir chez Lamartine les *Harmonies poétiques et religieuses* (1830). Et dans tous ses livres (*les Natchez*, par exemple) s'épanche l'amour de la grande Nature qu'invoqueront tour à tour Hugo, Vigny ou Lamartine encore.

François-René n'a pas publié de poèmes. Mais il fut poète dans l'âme, et le précurseur en cela des grands lyriques de son temps. La sensibilité, bien souvent absente au XVIIIe siècle d'une poésie trop conventionnelle, mais dont Rousseau conservait vivant le foyer, l'Enchanteur va en transmettre les frémissements à son époque. Il lui montre aussi le chemin de l'imagination, qu'un classicisme trop étroit avait canalisée : il ouvre la voie à Nodier, à Nerval, explorateurs du fantastique ou du surnaturel.

Car si le Romantisme porte à l'individu l'attention passionnée qui engendre les grands héros du roman et du drame (l'ambitieux Rastignac, le farouche Hernani), il ne dit pas seulement : je. Il élargit aussi notre horizon. Ces romans et ces drames, il leur donne volontiers pour décors les scènes de l'Histoire ou les paysages de l'exotisme : c'est *Cromwell* (1827), c'est *Notre-Dame de Paris* (1831), ce sera plus tard *Salammbô* (1857-1862). Et l'aventure de Julien Sorel ne prend sens qu'insérée dans cette « chronique de 1830 » qu'est *Le Rouge et le Noir*. La respiration de l'Histoire et l'ouverture sur le monde, nous les trouvons déjà dans Chateaubriand, avec le roman chrétien des *Martyrs* ou l'exotisme d'*Atala*. Le souffle des *Martyrs* s'élève à l'épopée, annonçant de loin les grandes fresques de Hugo.

Celui-ci s'était juré d'« être Chateaubriand ou rien ». L'intensité de son lyrisme personnel, l'ampleur de sa vision n'ont rien à envier à l'auteur des *Mémoires d'Outre-Tombe*. Quand paraissent ses grandes œuvres, les *Contemplations* (ces « mémoires d'une âme »), *La Légende des Siècles*, Chateaubriand n'est plus. Mais les chefs-d'œuvre du disciple attestent que le maître ne mourra pas.

3 — Face à la politique et à la religion

« Trois principes font la base de tous mes ouvrages, écrit Chateaubriand dans le *Journal des Débats* : la religion, la liberté, le trône légitime. » La formule est nette, l'affirmation tranquille. L'expérience politique et religieuse de François-René s'avère plus complexe, et parfois plus déchirée.

EN POLITIQUE : UN CONSERVATEUR ÉCLAIRÉ

Critique envers l'Ancien Régime, Chateaubriand n'en combat pas moins la Révolution. Rallié à Bonaparte sous le Consulat, il rompt avec Napoléon sous l'Empire. Fervent partisan de la Restauration, il juge de plus en plus sévèrement la politique de ses Rois - son opposition contribuera même à faire tomber Charles X. Il refuse pourtant de servir ce Louis-Philippe que Juillet 1830 a placé sur le trône...

Oui, la ligne de conduite de Chateaubriand en politique évoque furieusement une ligne brisée[1]. On ne peut toutefois l'attribuer sans autre examen à l'inconséquence ou à l'opportunisme - auquel il ne résista certes pas toujours... S'il est souvent malaisé de situer François-René sur l'échiquier politique, c'est qu'en lui s'affrontent deux tendances : le conservatisme d'un gentilhomme catholique breton, le libéralisme[2] d'un fils du XVIIIe siècle qu'influencèrent les doctrines modérées de Montesquieu.

---

1. Lui-même avoue qu'en ce domaine ses enthousiasmes « ne durent pas plus longtemps que (ses) discours... ».
2. Chateaubriand est un adepte du libéralisme *politique* (séparation des pouvoirs, existence de contre-pouvoirs dans l'État, garantie des libertés individuelles : de conscience, de réunion, de presse, etc.) - mais un adversaire du libéralisme *économique* (libre entreprise, enrichissement individuel), par lequel s'accentue après 1830 le pouvoir de l'argent.

Les circonstances l'amèneront parfois à choisir une tendance contre l'autre. Mais il demeure foncièrement ce conservateur éclairé qui rêve d'une conciliation entre l'ordre et la liberté.

• Le contre-révolutionnaire

Chateaubriand n'aime pas les Bastilles. Et son *Essai historique sur les Révolutions* (1797) reconnaît que l'Ancien Régime opprimait et pressurait les Français. Dès lors, la Révolution de 89 était inévitable. Ah, si elle s'était contentée de transformer notre monarchie absolue en monarchie parlementaire[1] ! Mais le peuple a guillotiné le roi, et son Assemblée s'est arrogé tous les pouvoirs. Le vicomte n'admettra jamais cette souveraineté populaire qui ne prône la liberté que pour mieux instaurer l'égalité. L'aristocrate voit dans cette égalité démocratique un nivellement funeste, et le germe d'une tyrannie plus redoutable encore que l'absolutisme royal[2]. Contre le gâchis d'une telle Révolution, qui persécute de surcroît la religion chrétienne, François-René, résolument, se bat : dans le camp royaliste.

• Pour Bonaparte, contre Napoléon

Le 18 Brumaire 1799, Bonaparte met fin au Directoire[3]. Il proclame que « la Révolution est finie », et va signer avec le Pape un Concordat qui rétablit en France la religion catholique. Le vicomte se rallie donc à l'homme d'ordre, lui dédie son *Génie du Christianisme*, et déclare que le Premier Consul « est arrivé à la fin des monarchies absolues comme pour les continuer à force de gloire ». Mais Bonaparte devient Napoléon, et Chateaubriand va porter contre le nouveau régime une double condamnation. L'homme de droite récuse un souverain issu du peuple, qui fait trop

---

1. C'est-à-dire une monarchie régie par une Constitution, qui délègue à un Parlement une partie des pouvoirs du roi (on dit aussi : monarchie constitutionnelle) — on notera que les *Mémoires* font l'éloge de l'Assemblée Constituante : « Il n'y a si haute question politique qu'elle n'ait touchée et convenablement résolue » (t. I, p. 224).
2. « Le peuple souverain étant partout, quand il devient tyran, le tyran est partout » (*Mémoires*, t. I, p. 371).
3. En 4 ans (1795/99), ce régime dépravé, semi-anarchique, a ruiné le commerce, vidé les caisses, aggravé l'insécurité.

peu de cas des privilèges aristocratiques et tend ainsi à instaurer un égalitarisme inacceptable : « Monté au trône, il y fit asseoir le peuple avec lui, humilia les Rois et les nobles, nivela les rangs... » (*Mémoires*, t. II, p. 648). L'homme attaché aux libertés dit non à une dictature impériale qui bâillonne l'opposition, la presse, et jusqu'à la littérature. Napoléon a confisqué la France au service de sa personne : « J'ai ordonné, j'ai vaincu, j'ai parlé ; mes aigles, ma couronne, mon sang, ma famille, mes sujets... » (*Mémoires*, t. II, p. 503). Il a renié « la liberté dont il était sorti ». L'ordre ne saurait se payer un tel prix : le 5 avril 1814, le lendemain de l'abdication de Napoléon, Chateaubriand publie sa brochure *De Buonaparte et des Bourbons*, qui fustige le tyran[1]. Il y fait allégeance à Louis XVIII, ce roi qui s'avance « pour fermer nos plaies, le testament de Louis XVI à la main ».

• *L'homme de la « Restauration possible »* ?

« Fermer nos plaies », ce n'est nullement rétablir la monarchie absolue : « Les siècles ne rétrogradent point. » La monarchie parlementaire qu'instaure la Charte de 1814 convient, elle, parfaitement au conservatisme éclairé de Chateaubriand. Le roi y demeure la clef de voûte du système, le principe d'*ordre*. Mais son gouvernement est responsable devant deux Assemblées[2], et la magistrature exerce sa fonction en toute indépendance. Confortée par une presse qui informera scrupuleusement l'opinion, cette séparation des pouvoirs garantit la *liberté*[3].

Mais Chateaubriand ne peut admettre qu'après Waterloo reste en place le personnel politico-administratif de l'Empire. Moralement discrédité, il est politiquement dangereux ; il demeure trop favorable à la « souveraineté du peuple ». Le roi pourtant s'en accommode[4] ! Plus royaliste que lui,

---

1. Dès 1804, Chateaubriand avait pris ses distances avec Napoléon, à la suite de l'exécution du duc d'Enghien (cf. ci-dessus, p. 9).
2. La Chambre des Pairs, aristocratique, nommée par le roi ; la Chambre des Députés, élue - mais au suffrage censitaire, qui assujettit le droit de vote à un certain niveau de ressources.
3. « Une Chambre est-elle factieuse ? Elle est arrêtée par l'autre ou dissoute par le roi... »
4. Il a même dissous la Chambre des Députés, ultra-royaliste, de 1815 !

François-René réclame en 1816 une épuration, et un strict encadrement du pays : « Confiez donc les premières places de l'État aux véritables amis de la monarchie (...) Je n'en demande que sept par département : un évêque, un commandant, un préfet, un procureur du Roi, un président de la cour prévôtale, un commandant de gendarmerie, et un commandant de gardes nationales... » (*De la Monarchie selon la Charte*). Chateaubriand ici, plus soucieux d'ordre que de liberté, préconise, en dépit de la Charte, un certain retour aux cadres de l'Ancien Régime. Mais quand Charles X restaurera ces cadres anciens en s'appuyant sur les éléments les plus réactionnaires de la noblesse et du clergé, Chateaubriand prendra conscience du danger que ses propres propositions faisaient courir aux libertés. Et il proteste en leur nom contre l'absolutisme aveugle du nouveau monarque : jamais le pays n'acceptera d'être remis en tutelle. C'est au contraire, pense François-René, en permettant le jeu normal des libertés que la Restauration pouvait conforter son pouvoir... Mais cette politique à la fois digne et habile, Charles X lui a tourné le dos. Il a préféré brider la liberté de penser, assujettir la presse à la censure[1]. Chateaubriand y voit une faute majeure, annonçant l'explosion qui, en juillet 1830, coûte aux Bourbons leur trône.

Ces fluctuations sont peut-être la marque des illusions que Chateaubriand nourrit en matière politique, en recherchant une conciliation impossible entre un ordre ancien et un régime nouveau. D'où les contradictions qui rendent si ardue l'analyse de son comportement politique. Toujours est-il qu'après avoir cru contribuer à une « Restauration possible », il n'aura été que le témoin d'une Restauration manquée.

• *Après 1830 : une amère retraite*

Ce n'est pas la monarchie de Louis-Philippe, porté au pouvoir par cette bourgeoisie que Chateaubriand déteste, qui pourrait le satisfaire : « Juillet, libre dans son origine, n'a

---

1. C'est l'objet de la loi répressive de 1827, et d'une des Ordonnances qui déclencheront la Révolution de Juillet 1830. Or, pour Chateaubriand, la liberté de la presse est si bien entrée dans les mœurs que nul ne saurait la détruire.

produit qu'une monarchie enchaînée. » Sauf à s'affirmer par le même autoritarisme que le pays vient de désavouer, le nouveau souverain devra faire, Chateaubriand le pressent, la politique d'une classe mercantile dont le mot d'ordre est : « Enrichissez-vous[1] ! » Éclate ici à ses yeux l'incompatibilité entre l'avènement de l'argent et une monarchie digne de ce nom. Désabusé, il se déchaîne contre l'usurpateur, qui n'est plus qu'un roi en trompe-l'œil : tôt ou tard, « Juillet portera son fruit naturel », la démocratie[2]. Chateaubriand, tournant le dos au « Roi-bourgeois », se réfugie dans une fidélité stérile à une dynastie qui n'avait pourtant guère apprécié ses mérites. Il sait bien qu'elle représente un ordre moribond, mais s'attacher à elle dans le malheur lui paraît, dictée par l'honneur, la seule façon de rester fidèle à soi-même.

FACE A LA RELIGION : UNE FIDÉLITÉ TOURMENTÉE

Élevé dans la foi chrétienne, Chateaubriand peu à peu s'en détourne. Avec son *Génie du Christianisme*, il revient à la religion et la célèbre avec éclat. Mais l'homme, dans son for intérieur, est moins assuré que le propagandiste, et sa vie continue d'être peu exemplaire. Il lui faudra beaucoup de temps pour revenir aux sources d'une croyance qu'il finit par considérer comme la seule certitude pour le présent, et l'unique lumière pour l'avenir.

• *De la foi au doute*

Comment François-René n'aurait-il pas été marqué par la foi collective de sa Bretagne natale ? Tout y rendait si attirante la religion de ses pères : cantiques des marins, statues naïves des chapelles, ferveur des cérémonies où prient ensemble paysans et seigneurs... Il eût même pu devenir prêtre.

Mais la foi des premières années bientôt vacille : c'est la crise adolescente, les élans du corps et du cœur. L'esprit,

1. C'est l'exclamation de Guizot, chef du gouvernement en 1840.
2. Dès 1832, il considère le régime comme une république « plastronnée d'une royauté », et du plus mauvais aloi.

lui aussi, se rebiffe, sous l'influence rationaliste et sceptique du XVIIIᵉ siècle finissant[1] : il croit de moins en moins à l'immortalité de l'âme. Le jeune homme fréquente les libres penseurs des cercles philosophiques et littéraires, se passionne pour Lucrèce, le grand poète matérialiste latin, dont le *De Natura rerum* pourfend la religion...

En route vers l'Amérique (1791), il passe d'un extrême à l'autre : tantôt il fond en larmes en lisant un ouvrage pieux, tantôt il couvre la religion de sarcasmes. Les splendeurs du Nouveau Monde éveillent en lui une émotion intense qui le rapproche du Créateur. Mais ce Dieu des merveilles naturelles n'est plus le Dieu de Jésus-Christ, des dogmes et des Écritures. Dans ses premières années d'exil à Londres, Chateaubriand accumule contre leur authenticité les objections philosophiques. Déjà passablement désincarné, Dieu lui-même s'éloigne encore : « Il y a peut-être un Dieu, dit l'*Essai sur les Révolutions* (1797), mais trop grand pour s'occuper de nos affaires. » Rongé par le doute, Chateaubriand va jusqu'à noter dans la marge de son exemplaire personnel : « Le christianisme ? Personne n'y croit plus. »

• *Le christianisme restauré*

« J'ai pleuré et j'ai cru. » François-René a perdu coup sur coup (1798, 1799) sa mère et sa sœur Julie. Bouleversé, il affirme avoir retrouvé la foi. À tout le moins, son *Génie du Christianisme* va célébrer la religion (1802). Contrairement à ce que proclamait une révolution athée, elle est le fondement de toute société : elle y garantit l'ordre et les valeurs morales[2]. Loin de confiner les peuples dans l'ignorance et la superstition, comme le pensait Voltaire, elle a favorisé leur émancipation.

Mais surtout, cette religion chrétienne est « la plus poétique, la plus favorable aux arts et aux lettres ». C'est une religion de beauté. De l'humble messe au *Te Deum*, son culte même est beau. Elle suscite des chefs-d'œuvre : rien ne peut

---

1. Le propre père de l'auteur était d'ailleurs peu religieux.
2. Ceci entre parfaitement dans les vues de Bonaparte, qui s'appuie alors sur l'Église pour asseoir son autorité !

égaler la majesté des cathédrales, la musique des liturgies, ou le *Paradis perdu* de Milton. Le *Génie* redonne à l'inspiration, que le Siècle des Lumières avait voulue résolument profane, toute sa dimension sacrée.

Plus profondément encore, Chateaubriand trouve dans la religion de quoi étancher cette soif d'infini qui tourmente René[1]. Elle est ce qui transporte *ailleurs*, « dans les espaces d'une autre vie ». Ses mystères, son encens, nous dilatent le cœur. Comme la musique des cloches, ils sont une source inépuisable de rêveries, qui régénère une âme asséchée[2] par la philosophie rationaliste du siècle précédent.

Ainsi François-René parle-t-il du christianisme davantage en poète qu'en théologien[3]. Ce qu'il fait retrouver à ses contemporains, outre un principe d'ordre, c'est plutôt le sentiment religieux que la foi proprement dite. Dans ce *Génie* qui parle si peu de la Grâce, le Christ apparaît surtout comme un *homme* bienveillant, qui accomplissait des miracles... Plus propre à séduire qu'à convaincre, le livre fait du christianisme une religion poétique, plus aimable qu'exigeante. C'est sans doute pourquoi il plut énormément.

• *Retour aux sources*

On sait que l'auteur du *Génie* mena longtemps une existence peu chrétienne : l'humilité n'est pas son fort, ni l'horreur du péché de chair[4]. On sait aussi qu'il en fut tourmenté : « Intercédez pour moi auprès du Christ, demande-t-il à sa mère morte, votre fils a besoin d'être racheté plus qu'un autre homme... » La vieillesse va l'aider à retrouver le chemin de la foi. Le sens lui est venu de la vanité des honneurs et de la destruction des choses. Il écrit *La Vie de Rancé* (1844). Ce moine trappiste a quitté la société brillante du Grand Siècle, qui le fêtait, pour se rapprocher de Dieu, dans les

1. Le roman qui porte son nom était, à l'origine, inclus dans le *Génie*.
2. Comme le fut un temps l'âme de l'auteur lui-même !
3. Si le Beau, par exemple, est critère du Vrai, on le trouverait aussi bien dans le culte païen d'Apollon ou de Dionysos...
4. Sur les multiples conquêtes amoureuses du vicomte (que Céleste, sa femme, appelait « les Madames » !), cf. notamment *Mon dernier rêve sera pour vous*, de Jean d'Ormesson (J.-C. Lattès, 1983).

larmes et le renoncement. Nous sommes loin de l'émotion sentimentale qui donnait au *Génie* son charme et ses limites. Ce qui se montre ici, c'est l'inquiétude du salut. Avec elle, Chateaubriand redécouvre enfin l'essentiel.

« Je suis un simple chrétien, croyant ferme et sans examen à tout ce que l'Église m'ordonne de croire. » Le Chateaubriand des dernières années ne s'en tient pas à cette profession de foi personnelle : sa vision s'élargit à l'avenir du monde. Il a toujours considéré la religion comme un des piliers de la société. Sous Bonaparte comme sous la Restauration, il a prôné l'alliance du trône et de l'autel. Mais il ira beaucoup plus loin dans ses *Mémoires* : tous les régimes l'ont déçu, le christianisme seul demeure. Immuable dans ses dogmes, celui-ci offre néanmoins, aux interrogations de chaque siècle, des vérités insoupçonnées qui l'aideront à progresser. Car il est « la pensée de l'avenir et de la liberté humaine ».

Quinze années plus tôt, François-René disait déjà : « Le Christianisme porte pour moi deux preuves manifestes de sa céleste origine : par sa morale, il tend à nous délivrer des passions ; par sa politique, il a aboli l'esclavage. C'est donc une religion de la liberté : c'est la mienne. » Nous dirons que c'était, déjà, son dernier mot.

DEUXIÈME PARTIE :

RENÉ

Atala[1] se présentait en trois parties, sous-titrées par l'auteur lui-même : *Prologue, Le Récit, Épilogue*. Ces points de repère ont disparu dans *René*, mais Chateaubriand a respecté la même composition ternaire, très classique dans son principe :
2 pages de *prologue* (141-143), 40 pour *le récit* (143-179) et ses *prolongements* (179-182), 13 lignes pour *l'épilogue*.

I/ LE PROLOGUE

Il se compose de deux parties sensiblement égales :
— solitude volontaire de René chez les Natchez ;
— René se décide à parler.

Fuyant une vie douloureuse, le jeune René a quitté la France pour l'Amérique ; il est venu s'exiler dans les forêts de Louisiane, parmi la tribu des Natchez. Contraint d'y prendre femme « pour se conformer aux mœurs des Indiens », il ne vit pas avec elle, et s'enferme dans la solitude. Cependant, Chactas, le Sachem[2] aveugle - son « père adoptif » -, et le Père Souël, missionnaire français, viennent parfois s'entretenir avec lui (p. 141).

Des années durant, malgré l'insistance des deux hommes, René refuse de leur conter son histoire - pour « ensevelir dans un éternel oubli » la cause de son embarquement pour l'Amérique. Une lettre d'Europe redouble à ce point sa tristesse qu'il évite même leur compagnie. Mais ses deux amis le persuadent enfin de leur livrer son secret.

C'est donc « le 21 de *la lune des fleurs* », sur les rives du Meschacebé, que René se décide à relater « non les aven-

---

1. Roman des amours de l'Indien Chactas avec une jeune chrétienne (1801).
2. Le Sachem est un membre du Conseil de la Tribu, chez certains Indiens d'Amérique.

tures de sa vie, puisqu'il n'en avait point éprouvé, mais les
sentiments secrets de son âme » (p. 141-143).

II/ LE RÉCIT

Il se déroule en 3 temps, avec une brève coupure (p. 152-153)
entre le second et le troisième :
- de la naissance de René à la mort de son père (p. 143-148) ;
- René quitte sa sœur Amélie pour courir le monde
(p. 148-152) ;
- frère et sœur se retrouvent, mais la peur de l'inceste les
sépare à jamais : Amélie entre au couvent ; René s'exile en
Louisiane (p. 153-179).

a/ Jusqu'à la mort du père (p. 143-148)

Orphelin de naissance[1], « élevé loin du toit paternel », de
caractère instable, René ne trouve « l'aise et le contente-
ment » qu'auprès de sa sœur Amélie, lorsqu'il revient chaque automne au château (p. 143-144).

Ce sont le plus souvent de longues promenades silencieu-
ses dans ces bois où, le dimanche, « les sons de la cloche lointaine » émeuvent profondément le jeune homme. Car si
Amélie et René jouissent plus que personne des rêveries graves et tendres, c'est qu'ils ont au fond du cœur un peu de
tristesse : « Nous tenions cela de Dieu ou de notre mère... »
(p. 144-145).

Leur père meurt « en peu de jours ». Devant son visage
transfiguré par la mort, René pressent l'existence d'une éternité (p. 145-146). Pourtant, le soir même, les hommes pas-
seront, indifférents, sur la tombe de ce père, « comme s'il
n'avait jamais été »... (p. 146).

Recueillis chez de vieux parents, le frère et la sœur son-
gent à se retirer du monde. René surtout, qui erre longue-
ment sous la lune, dans les cloîtres d'une antique abbaye.
Il finit par se résoudre à voyager, mais la joie d'Amélie au
moment de la séparation l'emplit d'un peu d'amertume
(p. 147-148).

1. « J'ai coûté la vie à ma mère en venant au monde » (p. 143).

b/ Les voyages de René (p. 148-152)

« Je visitai d'abord les peuples qui ne sont plus » : Rome et
la Grèce. Sous la lune ou au soleil couchant, il médite sur
leurs ruines, croyant souvent voir assis, « tout pensif » à ses
côtés, « le Génie des souvenirs ». Puis c'est le tour des « races
vivantes » : l'Angleterre, où les tailleurs de pierres ignorent
le nom des rois ; la Calédonie, où un barde lui chante « les
poèmes dont un héros consolait jadis sa vieillesse »
(p. 148-150).

Car, dans ces voyages, il recherche avant tout musiciens
et artistes, ces chantres de l'histoire des hommes. Il y découvre aussi l'impressionnante poésie des églises italiennes.

Mais si l'architecture est œuvre de beauté, René s'enivre
également des spectacles de la Nature. Ainsi contemple-t-il,
du haut de l'Etna, les entrailles du volcan, les contours de
la Sicile... et sa propre image : « Toute ma vie, j'ai eu devant
les yeux une création à la fois immense et imperceptible,
et un abîme ouvert à mes côtés... » (p. 150-152).

René se trouble à l'évocation de cet abîme, et interrompt
son récit. Le passage des Indiens dans la plaine lui arrache
un soupir d'envie : « Heureux sauvages ! Oh ! que ne puis-
je jouir de la paix qui vous accompagne toujours ! » Chactas le console et l'invite à poursuivre : lui-même, aux temps
glorieux de Louis XIV, a connu la France : que René leur
en parle ! (p. 152-153). Celui-ci s'attarde peu à peindre sa
patrie, que la Régence a brutalement plongée dans la cor-
ruption et l'impiété[1]. Il reprend son récit.

c/ Du retour à la rupture (p. 153-179)

- *Solitude et retrouvailles*

De retour à Paris, René constate que sa sœur l'évite. Il se
retire dans un faubourg, y vit ignoré, se mêlant parfois à
la foule, « vaste désert d'hommes ». Une église peu fréquen-
tée abrite ses méditations, le crépuscule et les cloches du soir
avivent son sentiment de solitude absolue (p. 153-156).

---

1. Exercée par le duc d'Orléans, la Régence couvre les années 1715 (mort de
Louis XIV) - 1723 (proclamation de la majorité de Louis XV, né en 1710). *René* se
passe entre 1725 et 1729 (date du massacre des Natchez).

Bientôt, cet enchantement trouble lui devient insupportable : il se retire pour jamais « dans un exil champêtre ». Mais la solitude dans la nature ne fait qu'exaspérer le malaise de cet être « accablé d'une surabondance de vie », et qui n'a pas encore aimé. Halluciné, il cherche jusque dans les cieux ce qui pourrait combler « l'abîme de (son) existence ».

Sentiments ineffables. Jouissance et mélancolie à la fois, ravivées par « les mois des tempêtes » : l'automne l'ensorcelle, et il invoque les orages qui l'emporteraient « dans les espaces d'une autre vie ». Il aspire aussi à la présence d'une femme selon ses désirs - « une Ève tirée de moi-même »... Hélas ! il est seul sur la terre (p. 159-160).

Lentement lui vient l'idée sacrilège de se donner la mort. Mais il faut prévenir Amélie, pour mettre en ordre ses affaires. Plutôt que de répondre à sa lettre, elle accourt. Ils se jettent dans les bras l'un de l'autre, et vont vivre des semaines de tendresse indicible (p. 160-163).

- Le drame incestueux

Amélie perd peu à peu le repos et la santé : un mal secret la ronge, lui tire des larmes. Un jour, elle s'enfuit, laissant à René une lettre qui l'adjure de « prendre un état », de se marier. Quant à elle, il lui faut se séparer à jamais de son *trop cher* frère : elle entre au couvent, et lui fait don de tous ses biens (p. 163-167).

Foudroyé par ce message, mécontent de ne pouvoir obtenir d'autre explication (aurait-elle conçu « une passion pour un homme qu'elle n'osait avouer » ?), René se rend au couvent - après une amère visite au manoir abandonné de ses ancêtres (p. 167-170).

Sa sœur le prie de jouer, lors de sa prise de voile[1], le rôle du père défunt. C'est donc lui qui tend au prêtre les ciseaux qui sacrifient la « superbe chevelure ». Avant qu'Amélie, couchée sur le marbre, prononce ses vœux, *une étreinte incestueuse* les unit dans sa fulgurance, sur le sol glacé du chœur. La sœur vient d'avouer dans un murmure sa « criminelle passion » pour son frère.

---

1. René voulait se poignarder dans l'église !

Cette révélation pousse René à s'embarquer pour la Louisiane. Il erre autour du couvent, aperçoit Amélie en prières derrière les barreaux de sa cellule. A l'heure du départ, il contemple longtemps « les derniers balancements des arbres de la patrie, et les faîtes du monastère qui s'abaissaient à l'horizon » (p. 173-179).

III/ PROLONGEMENTS DU RÉCIT ; L'ÉPILOGUE

Le récit est achevé. René tire de son sein la lettre qu'il a reçue : « Sœur Amélie de la Miséricorde » est morte victime de sa charité, « en soignant ses compagnes attaquées d'une maladie contagieuse » (p. 179-180).

Chactas et le Père Souël tirent chacun les leçons de l'aventure. Chactas regrette l'absence du Père Aubry (le missionnaire d'*Atala*) : sa parole apaisait ces tempêtes du cœur, que lui-même redoute encore, et dont il plaint les victimes. Le Père Souël se montre plus sévère : René ne mérite en rien la pitié qu'on lui témoigne. Prisonnier d'une complaisance morbide, il a cru que son dégoût du monde suffisait à faire de lui un homme supérieur - et son exil même est suspect. Consacrons au contraire nos forces au service de nos semblables, sous peine d'être durement châtiés par le Ciel ! (p. 180-181). Chactas aussi condamne l'orgueil : le Meschacebé lui-même, aujourd'hui fleuve tout-puissant, regrette l'humble ruisseau qu'il fut (p. 181-182).

René retournera donc chez son épouse indienne. Mais sans y trouver le bonheur. Il sera massacré peu après, avec ses deux amis et les Natchez de Louisiane. On montre encore, dit la dernière phrase, « un rocher où il allait s'asseoir au soleil couchant » (p. 182).

Ce personnage, qui a « renoncé au commerce des hommes » et voudrait s'ensevelir dans le silence, va néanmoins parler. Le public le connaissait un peu, comme confident de Chactas dans *Atala*. Dans *René*, la relation inverse (René se confie à Chactas) va précisément permettre au lecteur de découvrir le passé du héros, et tout ce qui a façonné son âme. Cette âme est aussi, bien sûr, celle de Chateaubriand. C'est déjà l'âme romantique - et même un peu de notre âme moderne.

UN FRÈRE JUMEAU DE CHATEAUBRIAND ?

L'un s'appelle René, l'autre François-René. Comme ils se ressemblent, le personnage de roman et le narrateur des *Mémoires* ! Chateaubriand place souvent René dans des situations qu'il a vécues lui-même, et il lui prête évidemment certains traits de son caractère. Mais un héros ne saurait être le sosie de son créateur : il en est *l'image recomposée*.

• *Coïncidences anecdotiques et affinités psychologiques*

Avant de s'embarquer pour l'Amérique, René se rend au manoir abandonné de ses ancêtres (p. 169-170). Or, les *Mémoires d'Outre-Tombe* nous décrivent la même scène (I, III, 17), et la même émotion fait que François-René y abrège aussi sa visite. On trouverait beaucoup de ces coïncidences entre la vie du personnage et celle de notre écrivain. Ne sont-ils pas tous deux tentés par le suicide ? Et tous deux mariés sans l'avoir voulu : Chateaubriand à Céleste, René à son épouse indienne ? Sans multiplier les rapprochements, rappelons que tout roman, s'il vit de l'imagination, contient aussi sa part d'autobiographie. Si le Nouveau Monde n'avait pas enthousiasmé François-René, René sans doute n'y aurait jamais vécu.

Mais les ressemblances entre l'auteur et son personnage relèvent aussi de la psychologie. « Ingénieux à me forger des souffrances, je m'étais placé entre deux désespoirs. Quelquefois je ne me croyais qu'un être nul, incapable de s'élever au-dessus du vulgaire, quelquefois il me semblait sentir en moi des qualités qui ne seraient jamais appréciées. » C'est Chateaubriand qui parle : ce pourrait être René. Ces alternances d'exaltation et d'abattement, cette propension au malheur, appartiennent indistinctement au peintre et à son modèle. L'un et l'autre obsédés par la mort, et souvent taciturnes, ils partagent aussi ce goût pour les décors d'automne qui ouvrent les *Mémoires* : à la fois ardent et mélancolique, l'automne est bien pour eux le reflet de leur caractère, la saison d'un feu qui se meurt.

• *Chateaubriand et René en exil*

Chateaubriand imagine René pendant l'émigration. C'est un héros déraciné, qui non seulement s'expatrie, mais qui nulle part ne trouve sa place. Oisif et solitaire, héros désenchanté, il est à l'image de tous ces jeunes gens chassés de France par la Révolution, mis comme François-René à l'écart d'une Histoire qui se fait sans eux, et contre eux. « Ils regardent, le cœur serré, s'écouler dans le vide leurs plus belles années stérilement perdues », écrit Pierre Moreau. Dans cet exil politique, transitoire, Chateaubriand investit son propre sentiment d'un *exil métaphysique*, qui occupera tout le champ de conscience de son personnage. Ce changement de plan, c'est la marque de l'écrivain.

• *La transposition romanesque*

L'écrivain *part* de la réalité. Il s'appuie sur elle *et* il s'en écarte : le verbe dit bien tout ce qu'il veut dire. On appelle cela de la transposition.

Transposer, c'est parfois donner un simple « coup de pouce » à la réalité. En la noircissant, par exemple : la prime enfance de Chateaubriand s'est déroulée loin de sa mère, mais celle-ci était vivante ; René, lui, sera orphelin. Chateaubriand aimait à plaisanter, et à se moquer de lui-même : cela équilibrait chez lui des humeurs volontiers plus sombres. Or, il ne retient pour son personnage que les traits d'une gravité à la limite du tragique : l'humour a fait les frais de la stylisation.

La transposition romanesque peut naître aussi d'un amalgame : autant qu'à François-René, René ressemble à Lucile - comme elle, il entend les horloges annoncer des trépas lointains[1]... C'est un amalgame encore qui inspira peut-être le couple incestueux d'Amélie et René. Un frère et une sœur qui n'ont pas le droit de s'aimer d'amour, c'est évidemment Chateaubriand et Lucile. Mais à l'époque même où il écrit *René*, l'auteur est confronté à un autre amour interdit : celui qu'il aurait pu vivre avec la jeune Charlotte Ives, s'il n'était déjà marié. L'image incestueuse et l'image adultère se sont-elles fondues en une image unique : celle de l'amour impossible ?

Interrogeons encore un peu cet amour entre frère et sœur. Transposer, c'est souvent attribuer à des personnages fictifs un destin que l'on a vécu. Lucile et François-René ont-ils vécu des rapports troubles ? Chateaubriand n'en souffle mot dans les *Mémoires*[2]. Mais sous le masque de René, le romancier n'a-t-il pas confessé ce que nous taira l'autobiographe ? A moins qu'il n'ait fait vivre à son héros une aventure intime devant laquelle il a lui-même reculé. Car le romancier authentique pousse *les situations réelles à leur limite* : il les accomplit tout en les désamorçant par le caractère intrinsèquement fictif de son œuvre. Dès lors, René serait bien un François-René qui, vivant par procuration, se permet « d'aller jusqu'au bout ».

Le jeu de l'imagination agissant en toute liberté sur les données de la réalité objective leur confère une intensité, une profondeur, qui conduisent à penser que la vie rêvée est plus vraie que la vie réelle. Les Romantiques le proclameront, et bien d'autres après eux, de Nerval aux Surréalistes. Avouons-le : s'il en allait autrement, pourquoi écrire ? À quoi bon les romans ? Ceux-ci, d'ailleurs, fécondent à leur tour l'existence : lorsque Chateaubriand quitte la compagnie et va rêver sur les rochers, est-il lui-même, ou bien joue-t-il René ? Au terme de sa vie, choisir pour son tombeau un rocher face à l'infini, n'est-ce pas fixer à jamais dans la vérité du granit l'attitude de son héros méditant dans le crépuscule ?

1. Cf. *René*, p. 156, et *Mémoires*, Tome I, p. 120.
2. Et partout ailleurs il s'en défendra, jusque dans sa correspondance intime.

UN PERSONNAGE MODERNE

Aux yeux des lecteurs de son temps, René, c'est le héros moderne : celui qui leur propose une façon nouvelle d'appréhender le monde. Pour nous, lecteurs du XXe siècle, il a perdu cette fraîcheur : c'est un personnage daté, de par sa célébrité même. Il demeure pourtant notre contemporain.

• *Un héros d'un nouveau style*

Profondément sensible et mélancolique, René ressemble beaucoup aux personnages de Rousseau. Promeneur solitaire, il tient encore de Jean-Jacques son grand amour de la Nature. On l'imagine aussi dans un de ces romans exotiques du XVIIIe siècle, dont le héros, meurtri par notre civilisation, cherche un continent vierge où se régénérer parmi les « bons Sauvages[1] ». Mais au-delà de cette filiation avec le siècle précédent, Chateaubriand innove doublement par rapport au roman classique : il crée avec René le type du héros « jeune homme », et lui fait incarner ce que sera le « mal du siècle » romantique.

- *Portrait du héros en jeune homme*

Dans le roman classique, le héros masculin se définit le plus souvent par son amour de la gloire ou des femmes, le nombre de ses aventures, qu'on veut originales, intenses et variées... Certains sont jeunes, d'autres non : leur âge est un trait secondaire, indépendant de leur statut de personnage principal.

Le *René* de Chateaubriand met, lui, le jeune homme au centre de l'œuvre. Aussi disponible que fortuné, c'est lui qui désormais remet en cause les valeurs et les idées reçues, et critique la vie sociale, avec souvent l'approbation des femmes. Tels seront par exemple Adolphe et Joseph Delorme, Julien Sorel ou Rastignac[2].

---

1. Tels que Rousseau du moins les idéalisa... D'où le goût du siècle pour *Paul et Virginie* (1787), et pour les romans où de jeunes Européens s'exilent chez les Indiens.
2. Benjamin Constant publie *Adolphe* en 1816, Sainte-Beuve, *Joseph Delorme* en 1829, Stendhal, *Le Rouge et le Noir* en 1830 (J. Sorel), Balzac, *Le Père Goriot* en 1834 (Rastignac).

Avec ce type de héros se développe tout un romantisme de l'individu, qui culmine en 1830 dans l'*Hernani* de Hugo. Mais ce *moi* que Chateaubriand exalte, il en dépeint aussi l'échec : René *ne fait rien*, il se contente d'être (et encore, à demi), de parler, de souffrir. De même, si différent qu'il soit de René, le Lorenzaccio de Musset, héros *actif* qui consacre sa vie au meurtre *inutile* d'un tyran, démontrera qu'il est impossible de donner corps à ses rêves sans courir à l'échec. Incapable de se réaliser, cette jeunesse romantique est bien une jeunesse malade.

- Le « mal du siècle » romantique

« L'imagination est riche, abondante et merveilleuse ; l'existence pauvre, sèche et désenchantée. On habite avec un cœur plein un monde vide ; et sans avoir usé de rien, on est désabusé de tout. » Ces quelques lignes du *Génie du Christianisme* établissent le diagnostic du mal qui ronge René[1]. Ce « vague des passions » naît en effet d'une soif d'absolu que rien ne saurait étancher : pour qui aspire à l'infini, le monde est toujours trop étroit. Chateaubriand aurait voulu montrer que Dieu seul peut guérir les humains de cette « coupable mélancolie ». Mais elle a pour eux trop de charmes : ils préféreront s'y complaire. Lui-même en donne, d'ailleurs, une peinture si brillante qu'elle éclipse dans les esprits les arguments qui la condamnent... Et si René n'a pas d'enfants, son mythe fait bien des disciples. Comme Oberman chez Senancour (1804) ou Chatterton chez Vigny (1834), tous diraient volontiers avec notre héros que « l'on jouit de ce qui n'est pas commun, même quand cette chose est un malheur[2] ». L'esthétique de Baudelaire ne prétendra pas autre chose.

Mais c'est d'abord toute une génération qui se reconnaît en René : les jeunes gens de 1815 voient en lui un frère. Derrière eux se sont écroulés l'Ancien Régime et la Révolution qui l'avait aboli. Morte l'utopie de 89, le rêve de gloire napoléonien n'a pas survécu davantage. Faudra-t-il donc s'accom-

---

1. Ch. 9, fin du 1er § : *René* avait primitivement sa place dans le *Génie*, à la suite du chapitre 9.
2. Cf. ses réflexions sur l'amour impossible, p. 175.

moder de l'épais Louis XVIII, et des médiocrités de la Restauration ? En 1836 encore, Musset nous peint un siècle endolori, avec au cœur ces deux blessures : « Tout ce qui était n'est plus ; tout ce qui sera n'est pas encore. » Conçu dans l'amertume de l'émigration, René rencontre des lecteurs en proie à d'autres amertumes : il les avive et les enchante.

Cette propagation d'un mal qu'il cherchait à combattre après l'avoir chanté agaça fort Chateaubriand. « Toute une famille de Renés a pullulé, écrit-il, sarcastique ; on n'a plus entendu que des phrases lamentables et décousues ; il n'a plus été question que de vents et d'orages, que de maux inconnus livrés aux nuages et à la nuit... » En 1837, il renie son ouvrage : « Si *René* n'existait pas, je ne l'écrirais plus ; s'il m'était possible de le détruire, je le détruirais... » Fallacieux remords, pense P. Moreau : pour un poète, inventer une nouvelle souffrance et la répandre sur tout un siècle, cela s'appelle la gloire.

• *René, notre contemporain*

La gloire de René va survivre à son siècle. Non seulement parce qu'il incarna un moment inoubliable de la sensibilité, mais parce que son personnage peut trouver aujourd'hui de lointains descendants. Certes, avec lui nous avons assisté aux derniers flamboiements d'une aristocratie condamnée par l'Histoire : le chevalier hautain des solitudes, à la superbe oisiveté, appartient au passé. Ses fils devront se fondre dans la masse (retrouver ce que Chactas appelle « les voies communes ») ou parler en son nom : on pourrait croire qu'en s'engageant dans le combat social, le romantisme d'un Hugo a démodé Chateaubriand. Mais le sentiment d'être « seul sur la terre », ou de n'être pas de ce monde, nous le retrouverons intact dans les romans de notre temps. Le Meursault de Camus dans *L'Étranger*, les personnages dérisoires de Beckett, les pitoyables héros de Kafka, tous vivent en marge du monde, et désespèrent d'être eux-mêmes. Dans notre univers anonyme qui les rejette ou qui les broie, ils vivent un nouveau « mal du siècle ». Comme René, sur un ton différent, ils font entendre, obstinée, la protestation de *l'individu* qui ne se résigne pas à mourir.

On se limitera ici aux thèmes essentiels d'une œuvre foisonnante, en jetant sur eux un double éclairage. Car il ne s'agira pas seulement de déterminer leur nature, mais de montrer comment le romancier, en les faisant vivre, en les orchestrant, nous livre à travers eux une vision du monde.

LES THÈMES ESSENTIELS

On peut discerner dans notre roman trois thèmes majeurs : le thème de la *solitude*, celui du *voyage*, celui de la *mort*.

• *La solitude*

« Un penchant mélancolique l'entraînait au fond des bois : il y passait seul des journées entières » : dès la première page, le héros apparaît comme un être solitaire. Tour à tour subie ou choisie, la solitude le marque si profondément qu'il ne saurait y échapper : elle est ce qui le *constitue*.

- *René l'orphelin*

Comme Jean-Jacques Rousseau, René coûte la vie à sa mère en venant au monde. Comme Chateaubriand lui-même, on le met en nourrice « loin du toit paternel ». Par sa froideur, le père intimide son fils, et s'il meurt dans les bras du jeune homme, de son vivant celui-ci ne l'aura guère approché. Très tôt, René se trouve donc condamné à la solitude affective. Un seul réconfort : sa sœur Amélie, la compagne de son enfance. Mais il va la perdre, elle aussi : lorsqu'il revient en France après avoir couru le monde pour oublier un peu son deuil, il cherche à la revoir, mais Amélie, qui s'épouvante d'aimer René d'un amour interdit, s'enfermera dans un couvent. Le voici donc « seul sur la terre »[1]. Il avait visité seul le manoir de ses ancêtres, il s'embarque seul pour le Nouveau Monde : les êtres chers ont disparu ; René, l'orphelin, largue les amarres.

- Épris de solitude jusqu'au vertige

René s'est toujours complu dans la solitude. Tout enfant déjà, il en recherchait les charmes : abandonnant tout à coup ses amis, il allait s'asseoir à l'écart, « pour contempler la nue fugitive, ou entendre la pluie tomber sur le feuillage ». Ce goût qu'il partage avec Amélie, il l'a cultivé pour son propre compte. Quand il se promène avec elle, il s'isole déjà du monde. Mais le plus souvent, il est vraiment seul : appuyé sur un tronc à écouter le « pieux murmure » de la cloche lointaine, ou visitant sous la lune les ruines de quelque cité... La solitude, pour René, c'est la compagne de toujours. Ainsi, quand les circonstances de sa vie feront de cette solitude une source de souffrance, ne cherchera-t-il pas d'abord à la combattre. Non content de la subir, il l'accentuera volontairement. « Dérober sa vie » dans un monastère, telle est sa première pensée lorsque son père disparaît. Amélie le tient à distance ? Il se retire alors dans un faubourg « pour y vivre totalement ignoré ». Et ce n'est pas encore assez : le voici bientôt qui « s'ensevelit » dans la chaumière d'un « exil champêtre ». Il y a chez René un vertige de la solitude : celui-là même qui l'attire aux abords du couvent où sa sœur est cloîtrée. Bien plus que de l'apercevoir derrière une fenêtre, il jouit de contempler ces murailles qui la lui rendent à jamais inaccessible : pernicieuses délices !

- La solitude ennoblit

La solitude a son charme ; la solitude a un sens. Elle est aux yeux de René ce qui confère un prestige, inconnu des autres hommes. C'est en effet le privilège du poète qui, seul dans la nuit orageuse, se sent capable de « créer des mondes » (p. 160). C'est le privilège du contemplateur, embrassant du haut de l'Etna l'étendue de notre univers (p. 151). Pour son malheur et pour sa gloire tout ensemble, l'être solitaire est

---

1. Page 160. Ces mots sont, chez Rousseau encore, les tout premiers de la *Première Promenade* des *Rêveries*...

aussi un être d'exception : le Romantisme ne peut concevoir de héros ordinaires.

Mais si la solitude révèle et fortifie de grandes âmes, elle creuse en elles un désir qui demande à être comblé : on ne peut éternellement se satisfaire de soi-même.

• Le voyage

Il faut sortir de soi. La solitude vous enferme, et l'on en vient à rêver d'un ailleurs - à rêver de voyages.

- Nul port d'attache

« Heureux ceux qui ont fini leur voyage sans avoir quitté le port », soupire notre héros (p. 147). C'est qu'ils trouvaient dans ce port de quoi les fixer à jamais. Peut-être avaient-ils cet amour des autres dont Amélie témoignera en sacrifiant sa vie pour la communauté des religieuses. René, lui, n'est pas un être social. Même chez les Natchez, dont il envie pourtant l'existence harmonieuse, il se tient à l'écart. Il n'a pas non plus trouvé l'âme sœur, cet autre port d'attache. Amélie est inaccessible, la Sylphide de ses fantasmes exaspère son désir au lieu de le satisfaire (p. 157) et son mariage indien n'est que de pure forme[1]. Nulle part, René n'a rencontré l'Autre : c'est l'Ailleurs qui va le solliciter.

- Du voyage immobile à l'exploration du monde

C'est d'abord dans la rêverie que notre héros s'évade. Pour amorcer ce voyage immobile, qui est un voyage en esprit, il suffit de si peu de chose ! Une feuille séchée que le vent chasse devant lui, la fumée d'une cabane, un étang désert où le jonc murmure[2]... Suivre des yeux le vol des oiseaux de passage, c'est déjà les accompagner. Il n'est que de *s'égarer* sur les grandes bruyères, et l'esprit s'égare à son tour, exalté par les tempêtes : « J'aurais voulu être un de ces guerriers errant au milieu des vents, des nuages et des fantômes... » Car il y a dans la rêverie une puissance dynamique : bientôt, rêver ne suffit plus, on veut faire de vrais voyages.

René a l'âme vagabonde. Et le monde pour lui n'est pas l'univers arrêté des continents : c'est un « orageux *océan* ».

1. Cf. résumé de *René*, p. 28.
2. Cf. p. 159.

Le parcourir comme il le fait, c'est donc se laisser entraîner par lui. D'un pays à l'autre, cela va de soi, et des civilisations mortes aux civilisations vivantes. Mais ce qui passionne René, c'est qu'il accomplit surtout un voyage dans le temps. En retrouvant les monuments de Rome et de la Grèce, il fait surgir à ses côtés « le Génie des Souvenirs ». En écoutant chanter le barde sur les monts de Calédonie, il plonge avec lui dans un passé héroïque et païen. En visitant « la riante Italie », le voici qui ressuscite d'un regard les chefs-d'œuvre d'une culture séculaire. L'Ailleurs est aussi un Hier. Mais hier ne saurait combler le désir d'aujourd'hui : quand il regagne sa patrie, le voyageur demeure insatisfait.

- La migration spirituelle

« L'œil de la pénitente était attaché sur la poussière de ce monde, et son âme était dans le ciel » : ainsi René dépeint-il Amélie au moment où elle s'apprête à prononcer ses vœux. Cette aspiration vers un au-delà, c'est bien souvent la sienne propre. Du fond même de la solitude, il aspire à s'élever. Nous l'avons vu sur les montagnes « embrasser dans les vents » le fantôme d'une Femme idéale, et l'imaginer dans les astres. Mais cet amour même est encore trop charnel : la flèche d'un clocher solitaire inspire bientôt à René un désir tout spirituel - celui d'accomplir, avec les oiseaux, sa migration vers « les espaces d'une autre vie ».

« Anywhere out of the world ! » s'écriera Baudelaire dans le *Spleen de Paris* : n'importe où, pourvu que ce soit hors du monde ! Un demi-siècle plus tôt, c'était déjà le vœu secret du héros de Chateaubriand, à la recherche de ce « bien inconnu dont l'instinct (le) poursuit ».

• La Mort

Qui voyage en ce monde y voyage sans fin : sans cesse l'horizon recule, et cela d'abord nous enivre. Mais l'ivresse bientôt se mue en désespoir : l'univers se dérobe à nos prises. Ainsi René ne peut-il trouver de quoi combler « l'abîme de (son) existence » : nul remède à cette « étrange blessure » de son cœur, « qui n'était nulle part et qui était partout ». Faudra-t-il chercher dans la Mort la véritable délivrance[1] ?

1. Devenir un autre, humble pâtre ou guerrier, comme René un moment le souhaite (p. 158), ce n'est pas encore mourir, mais c'est déjà disparaître, et se délivrer de soi.

- L'homme est un être éphémère

On l'a bien vu : si le héros est seul, c'est d'abord que les êtres meurent autour de lui[1]. Mais la constatation demeurerait banale si une mort plus insidieuse n'était à l'œuvre dans le monde - elle s'appelle l'oubli, et n'épargne personne : on apprend la mort d'un jeune naufragé alors même que ses amis ont déjà cessé de porter son deuil. Et bien qu'on dresse des statues aux rois défunts, les tailleurs de pierre eux-mêmes ne connaissent plus leur nom (p. 149)... « Le temps a fait un pas et la face de la terre a été renouvelée » : sans cesse René pourra mesurer combien nous sommes éphémères.

- Se suicider ou « s'ensevelir » ?

Confronté à la solitude, René succombait souvent à la tentation de s'y complaire. Face à la mort, il est parfois tenté de devancer l'appel. Dès l'enfance, il a ressenti ce dégoût de la vie qu'Amélie elle-même trouve assez justifié : « La terre n'offre rien qui soit digne de vous. » Mais tous deux en tirent des conclusions divergentes : elle, l'invite à se consacrer au Ciel, lui, songe à quitter ce monde. Par deux fois, il résout de se suicider : abandonné de tous, et même d'Amélie, il irait ainsi jusqu'au bout de la déréliction, et connaîtrait enfin cet au-delà auquel son cœur obscurément aspire. Mais il finit par prendre une autre décision : quitter l'Europe pour « s'ensevelir » chez les Natchez. Amélie était morte au monde en prenant le voile des religieuses. René va se cloîtrer dans ce qu'on pourrait appeler un ermitage profane. Il met entre lui et sa vie passée la barrière d'un océan. Et dans sa vie présente, « sauvage parmi des sauvages », il se tient à l'écart des hommes - et même de son épouse... C'est un héros passif, muré dans un silence qu'il ne rompt qu'une fois : pour nous raconter son histoire. C'est capital, bien entendu : sans ce récit, point de roman. Mais cela demeure stérile : René n'en tire nul profit. Une fois qu'il s'est tu, il n'a plus qu'à mourir - au sens propre du mot. Cela ne tarde guère.

---

1. Rappelons-le : Chateaubriand écrit *René* à une époque où à Paris tombent les têtes...

L'ORCHESTRATION DES THÈMES

Les thèmes d'une œuvre d'art ne sont pas des abstractions : chacun a toujours son visage. René découvre ces visages à travers les décors de la solitude, les musiques de la rêverie, et les images de la Mort.

• Les décors de la solitude

René affectionne les cloîtres « retentissants et solitaires », et il erre dans les rues vides[1]. Mais c'est surtout la Nature qui accueille sa solitude, dans des décors qui sont ceux de l'enfance. Ainsi les forêts demeurent pour lui un refuge privilégié et, au sommet des montagnes, il se souvient des coteaux qu'il gravissait avec sa sœur[2]. Nous le voyons toutefois hanter un nouveau paysage : celui du bord de mer, où est bâti le couvent d'Amélie[3].

Ces décors ont en commun de mettre en relief notre personnage, qui se détache sur ces amples toiles de fond. C'est parfois, comme l'Etna, une sorte de piédestal d'où il peut contempler le monde. Mais surtout, ces lieux lui ressemblent : ils sont, comme lui, solitaires. Et les astres qui les éclairent parachèvent cette harmonie : le soleil couchant, c'est le feu qui se retire, laissant le monde à lui-même[4] ; la lune, mortellement pâle, est stérile comme René[5].

• Les musiques de la rêverie

L'univers de René, ce héros taciturne, bruit de mille musiques. Du murmure des étangs au déchaînement des tempêtes, elles suggèrent cet ailleurs qui fait naître les songes, cet ailleurs d'où viennent les vents et vers quoi s'écoulent les eaux[6]. Le chant des hommes, lui aussi, alimente la rêverie.

---

1. P. 147 et 156.
2. P. 144.
3. Le paysage est nouveau, mais le thème des eaux solitaires est amorcé dès le lac de l'enfance, et l'étang de la rêverie. Il se conjugue au thème des forêts (p. 144 et 159).
4. P. 149, 156, 182.
5. P. 147, 149, 160, 176, 180.
6. Ainsi les pas qui retentissent dans le manoir abandonné réveillent l'écho d'autrefois, cet ailleurs temporel.

Profane, il éveille la nostalgie, avec les poèmes du barde ; sacré, il ravit en extase, avec les cantiques du monastère (p. 150 et 177).

Mais l'âme de René s'émeut par-dessus tout d'entendre résonner les cloches. Il célèbre avec ferveur leur pouvoir d'évocation : « Chaque frémissement de l'airain portait à mon âme naïve l'innocence des mœurs champêtres, le calme de la solitude, le charme de la religion, et la délectable mélancolie des souvenirs de ma première enfance » (p. 145). Si la musique des cloches envoûte ainsi René, c'est qu'elle est un peu la *symphonie* de notre monde : « Tout se trouve dans les rêveries enchantées » où elle nous plonge : « Religion, famille, patrie, et le berceau et la tombe, et le passé et l'avenir »[1].

• *Les images de la Mort*

On entend souvent dans *René* sonner le glas : c'est la voix de la Mort. Mais elle nous montre surtout son visage[2] : dans le décor désolé des ruines et des tombeaux, dans les paysages d'automne. Les mausolées des rois sont cachés sous les ronces, et l'antique abbaye n'est plus qu'un champ des morts[3] : ses promenades et ses voyages mènent souvent notre héros sur une scène désertée comme le château ancestral. De même, les feuilles mortes, le jonc flétri, les pluies et les tempêtes sont pour lui autant de signes que la Mort hante ce monde. Les paysages de *René* sont donc plus que des paysages : ils prennent valeur d'impressionnants symboles.

• *Le jeu des correspondances*

C'est pour la commodité qu'on a distingué des thèmes qui, dans le roman, s'imbriquent et se conjuguent, comme s'unissent les thèmes d'un poème symphonique. Entendons-les ici entrer en résonance : « ... seul au pied des murs, j'écou-

---

1. Cf. p. 145, 146, 156, 171, 176, 177...
2. On se rappellera que c'est sur un *visage* (celui de son père défunt) que René découvre la Mort pour la première fois...
3. P. 147 et 148.

tais dans une sainte extase les derniers sons des cantiques, qui se mêlaient sous les voûtes du temple au faible bruissement des flots » (p. 177)...

Ce réseau de correspondances, Chateaubriand l'établit aussi entre l'âme de son héros et le monde qui l'entoure. La profondeur vertigineuse des espaces répond aux abîmes du cœur. Le caractère instable de René trouve pareillement un écho dans l'instabilité de l'univers, où tout s'écoule et s'écroule : « Ce même soleil qui avait vu jeter les fondements de ces cités, se couchait majestueusement, à mes yeux, sur leurs ruines... » (p. 149).

Ainsi naît le frisson nouveau qu'on nommera le Romantisme. Il ne se réduit pas aux seuls tourments d'une âme, en proie comme d'autres avant elle aux angoisses de la solitude, aux sirènes du voyage, au vertige de la mort. C'est dans l'ébranlement conjoint de l'être et du monde extérieur qu'il nous faut rechercher le secret des émotions nouvelles. « Je marchais à grands pas, le visage enflammé, le vent sifflant dans ma chevelure, ne sentant ni pluie ni frimas, enchanté, tourmenté, et comme possédé par le démon de mon cœur » : lorsque l'orage éclate dans *René*, ses éclairs illuminent une âme elle-même orageuse.

Chateaubriand poète en prose 4

Au XVIIIᵉ siècle, la prose était d'abord l'instrument de l'analyse philosophique et de la narration. Mais Rousseau, dans *Les Confessions, La Nouvelle Héloïse*, et plus encore *Les Rêveries du Promeneur solitaire*, en fit un nouvel usage : au-delà de notre raison, la musique de son écriture sollicite nos sens, notre cœur et notre imagination. La prose poétique était née.

Grand admirateur de Rousseau, l'auteur de *René* emprunte à son tour cette voie nouvelle : à bien des égards, le roman de Chateaubriand se lit comme un poème.

DES TABLEAUX ENCHANTEURS

Sauf à viser la pure analyse psychologique, tout roman a ses décors. Dans *René*, Chateaubriand traite les siens avec tout le raffinement d'un *peintre*. Il brosse de vastes tableaux[1], sans lesquels le récit ne se concevrait pas.

Ces tableaux s'ordonnent généralement en une composition grandiose : « Vers l'orient, au fond de la perspective, le soleil commençait à paraître entre les sommets brisés des Appalaches (...) ; à l'occident, le Meschacebé roulait ses ondes dans un silence magnifique, et formait la bordure du tableau avec une inconcevable grandeur... » (p. 143).

Le peintre possède aussi l'art de jouer avec les couleurs, les lumières et les ombres. L'or et l'azur du ciel et des montagnes éclaboussent de leur lumière les rives du Meschacebé où le héros raconte son histoire. Et Paris au crépuscule est plongé, lui aussi, dans un « fluide d'or » (p. 156). Ce glorieux

---

1. C'est son propre terme (cf. notre exemple, et p. 151, 179).

éclairage alterne dans notre roman avec les pâleurs irréelles de la lune et des tombeaux. Il voisine avec le noir et le rouge des entrailles fantastiques de l'Etna. Et avant le départ de René pour l'Amérique, vagues étincelantes et murs sombres du monastère offrent la prestigieuse poésie de leur contraste. C'est elle que Chateaubriand affectionne par-dessus tout, et qui lui inspire les superbes « nocturnes » de l'abbaye au clair de lune, de la chaumière sous l'orage, de la cellule d'Amélie[1].

Les *tableaux* de *René* parlent donc à nos sens : la cérémonie des vœux, avec ses flambeaux, ses fleurs et ses marbres, en est l'éloquent témoignage[2]. Mais l'auteur ne se contente pas de la beauté plastique, qui le séduit pourtant (et René avec lui). C'est à notre imagination que profondément il s'adresse. La poésie de ses décors ne tient pas seulement à leurs couleurs, à leur lumière. Elle est dans le mystère des arrière-plans qui nous suggèrent d'autres étendues : forêts, grandes bruyères où l'on s'égare... Elle est dans le passage des oiseaux qui rejoignent d'autres espaces, l'élévation du regard vers le ciel, la profondeur des nuits et la mélancolie évocatrice des ruines. Cette séduction du lointain, cette profondeur - qui tend vers l'infini - confèrent aux *tableaux* du roman une sorte de magie : Chateaubriand nous y offre l'image de la réalité transfigurée par ses rêves. C'est cette puissance de suggestion qui lui a valu le surnom d'« enchanteur » - au sens le plus fort de ce terme.

En proie aux enchantements des spectacles de la Nature[3], René sent naître en lui l'inspiration poétique : il murmure des vers, et pressent qu'il a le pouvoir d'engendrer des mondes[4]. Cet envoûtement est sans doute révélateur de la poésie en ce qu'elle a de plus profond : l'émotion s'y fait créatrice.

1. P. 147-148 ; p. 159-160 ; p. 166 et 176...
2. P. 172 sqq.
3. Ou de la civilisation (p. 149 ou 156) - et souvent des deux ensemble (cf. le monastère au bord de la mer, p. 176).
4. P. 144 et 160.

UN ROMAN LYRIQUE

Nous l'avons vu, dans ce récit la musique est partout présente, des tempêtes au son de la cloche lointaine. Elle est présente aussi dans la musicalité du style, qui fait de *René* un roman lyrique, aux deux sens de ce mot : une *effusion du « moi »* s'y élève jusqu'au *chant*[1].

• *L'effusion du « moi »*

D'emblée, notre héros avertit ses amis : ce qu'il va leur conter, ce ne sont pas les aventures de sa vie, mais « les sentiments secrets de son âme ». Sa parole emprunte en effet toutes les tonalités, aiguës ou graves, du lyrisme : l'emphase, la nostalgie, le désir, le désespoir[2]... On notera d'ailleurs que, dans *René*, le discours narratif débouche la plupart du temps sur une envolée lyrique. Ainsi de la visite à « l'antique abbaye » (p. 148), qui s'achève en une plainte méditative : « Ô hommes, qui ayant vécu loin du monde, avez passé du silence de la vie au silence de la mort, de quel dégoût de la terre vos tombeaux ne remplissaient-ils point mon cœur[3] ! »

Le lyrisme s'exclame, et il interroge : « Quel labyrinthe de colonnes ! Quelle succession d'arches et de voûtes ! »... « Ô illusions de l'enfance et de la patrie, ne perdez-vous jamais vos douceurs ? »... C'est alors comme un soulèvement de l'être tout entier, qui s'élargit volontiers en de très amples phrases : « Un secret instinct me tourmentait ; je sentais que je n'étais moi-même qu'un voyageur ; mais une voix du ciel semblait me dire : « Homme, la saison de ta migration n'est pas encore venue ; attends que le vent de la mort se lève, alors tu déploieras ton vol vers ces régions inconnues que ton cœur demande... »

• *Chateaubriand musicien*

Lorsque Chateaubriand construit une ample phrase en *cres-*

1. René dit lui-même que « notre cœur est une lyre » (p. 159).
2. Cf. respectivement p. 144, 148, 159, 161 (etc.).
3. Cf. encore p. 144, 147, 155...

cendo, comme dans l'exemple ci-dessus[1], ce pourrait n'être qu'un procédé de simple rhétorique. Mais il traite aussi la phrase en musicien. S'il écrit, par exemple : « Sous tant de toits habités, je n'avais pas un ami », le rythme régulier des deux membres de phrase (2 × 7 syllabes) transforme en chant la détresse - comme, un peu plus bas, ces décasyllabes : « Hélas, chaque heure dans la société / ouvre un tombeau et fait couler des larmes... »[2]

On trouverait d'innombrables exemples de cette expression *mesurée*, qui marque la maîtrise de l'écrivain sur ce qu'il veut transmettre. Elle a le double pouvoir d'apaiser l'émotion tout en la faisant vivre, et de conférer au roman tout entier la vibration d'un rythme. Telle maxime se grave en *alexandrin* (« Force de la nature et faiblesse de l'homme ! »), telle comparaison en deux *octosyllabes* (« Elle a paru comme l'encens qui se consume dans le feu... »). Mais la narration elle-même épouse parfois la forme d'un chant : « J'accompagnai mon père à son dernier asile » pourrait être un vers de Racine[3]...

Ce rythme de l'écriture, Chateaubriand le communique à des passages entiers. Il leur imprime volontiers le balancement binaire des antithèses, comme dans cette évocation des poètes : « Ils célèbrent les dieux avec une bouche d'or, et sont les plus simples des hommes ; ils causent comme des immortels ou comme de petits enfants ; ils expliquent les lois de l'univers et ne peuvent comprendre les affaires les plus innocentes de la vie... » (p. 150). Souvent aussi, il compose selon un mouvement ternaire : « Tantôt nous marchions en silence, (...) tantôt (...) nous poursuivions l'hirondelle, (...) quelquefois aussi nous murmurions des vers... » (p. 144).

Qui chante son mal l'enchante, dit le grand écrivain espa-

1. Le volume des propositions s'amplifiant de 9 à 20 syllabes selon le schéma suivant : 9 / 12 / 10 / 16 / 10 / 20 - les propositions impaires demeurent stables, tandis que les autres s'enflent, entraînant toute la période...
2. Cf. p. 152 : un décasyllabe + 2 octosyllabes + un alexandrin : « Votre raison n'était que vos besoins / et vous arriviez, mieux que moi, / au résultat de la sagesse / comme l'enfant, entre les jeux et le sommeil »...
3. Cf. son rythme d'alexandrin... ; p. 170, la visite au manoir s'achève, elle, sur deux octosyllabes : « Et l'araignée filait sa toile / dans les couches abandonnées... »

gnol Cervantès. Le lyrisme de *René* tient dans cette célébration, qui à la fois libère les soupirs et les mesure :

« Il y avait si longtemps que je n'avais trouvé
    Quelqu'un qui m'entendît, et devant qui je pusse
    Ouvrir mon âme [1] !... »

UN LANGAGE DATÉ

La musique de Chateaubriand nous émeut encore aujourd'hui. Ce qui a vieilli, en revanche, dans l'écriture de *René*, c'est l'emploi d'un vocabulaire apprêté, avec ses termes « nobles » et ses périphrases conventionnelles, héritées du siècle antérieur. Les palais y sont ensevelis non dans la poussière, mais dans la *poudre*. On ne finit pas sa vie, on *achève* une *carrière* ; et si l'on entre au couvent, on l'aura baptisé *asile* ou *retraite*... Mis en nourrice, René ? Non : « Livré à des mains étrangères, loin du toit paternel » ! Il entend dans le son des cloches « le frémissement de l'airain » - et voit les ciseaux qui sacrifient la chevelure d'Amélie quand elle se fait religieuse se transformer en « fer sacré »...

On pourrait multiplier les exemples. Dès 1825, Stendhal se montrera sévère pour ce qu'il appelle un « style fardé » - aux antipodes du sien propre. Lecteurs du XXe siècle, nous avons aussi une conception bien moins figée du langage poétique. Nous serons donc tout à fait enclins à partager la sévérité de l'auteur du *Rouge et le Noir*. A moins que la solennité voulue du style de Chateaubriand ne revête à nos yeux le charme insidieux et paradoxal des choses désuètes...

---

1. Le poète Chênedollé appelait Chateaubriand « le seul écrivain en prose qui donne *la sensation du vers* » : nous le vérifions ici en soumettant cette phrase de la p. 162 à un simple arrangement typographique...

UN LANGAGE DATÉ

TROISIÈME PARTIE :

MÉMOIRES D'OUTRE-TOMBE

Le chef-d'œuvre de Chateaubriand comprend 4 grandes parties, divisées chacune en Livres (44 au total[1]), eux-mêmes subdivisés en chapitres.
- La Première Partie, intitulée *Ma jeunesse ; Ma carrière de soldat et de voyageur*, couvre les années 1774-1799.
- La Seconde, *Ma carrière littéraire*, embrasse la période 1800-1814.
- La Troisième retrace la *Carrière politique* de l'auteur et se divise en deux « Époques » : *De Bonaparte* (1800-1815) / *De la Restauration* (1815-1830).
- La Quatrième sera synthétique : *Quatrième et dernière carrière. Mélange des trois précédentes. Ma carrière de voyageur, ma carrière littéraire, et ma carrière retrouvée.* Elle nous mène de 1830 à 1841.

Un quart de siècle (livres I/XII) ; quinze années (XIII/XVIII), puis trente (XIX/XXXIV) ; une dizaine enfin (XXXV/XLIV) : on voit que ces quatre parties, épousant l'Histoire de la France (et l'histoire de l'auteur), proposent un découpage inégal et des « volumes » différents. C'est que l'Histoire *vécue* n'est pas celle, mécanique, des horloges : elle connaît des éclairs, des accélérations, des stagnations, des ralentissements[2].

PREMIÈRE PARTIE

Livre 1

Le 4 octobre 1811 (« anniversaire de ma fête »), sous le règne de Napoléon (« dont j'admire le génie et dont j'abhorre le despotisme »), Chateaubriand commence ses *Mémoires* (ch. 1).

---

1. 49 dans l'édition Garnier-Flammarion, qui découpe un peu davantage les deux dernières parties.
2. On ne reprendra pas ici les indications biographiques données dans la première partie : on en privilégiera d'autres.

« Je suis né gentilhomme » : le chapitre 2 nous présente la généalogie des Chateaubriand, et surtout le caractère *sombre* du père.

François-René plante le décor de Saint-Malo (« un rocher ») et du Grand-Bé, où sera son tombeau. Il revoit la butte de ses jeux d'enfant, surmontée d'un gibet, au bout d'une digue plantée d'un calvaire (ch. 4)... Présence de la mort : la petite société familiale qui entourait l'enfant va peu à peu disparaître sous ses yeux : « Je suis peut-être le seul homme au monde qui sache que ces personnes ont existé... » (ch. 5).

Livre 2

Il s'ouvre sur les « décors » de l'enfance : la Bretagne au printemps, Combourg et ses bois. Puis c'est le collège, avec les prouesses d'une *mémoire* hors pair... (ch. 3).

Le chapitre 4 apporte une note tragique : « Je porte malheur à mes amis. Un garde-chasse qui s'était attaché à moi fut tué par un braconnier... »

Puis ce sont deux moments forts (ch. 5) : découverte ébahie du théâtre, éveil des sens, à travers les « descriptions séduisantes des désordres de l'âme ».

Le chapitre 8 dit l'angoisse et les solennités de la première communion, précédée de confessions difficiles. Puis voici Rennes, les farces douteuses de l'internat, la ferveur qui se relâche, et le goût pour les arts (ch. 9). À Brest, le mouvement du port et les manœuvres de la flotte fascinent le jeune homme, qui renonce néanmoins à la carrière maritime (ch. 10).

Livre 3

1817 : à Montboissier, le chant d'une grive dans le parc fait *resurgir Combourg* dans la mémoire de l'auteur (ch. 1). Combourg où, par les sinistres soirées, le père arpente la grand-salle noyée d'ombre, comme un spectre (ch. 3).

Au chapitre 7, un portrait de la sœur adorée, mystique et sombre, l'éveil de la vocation littéraire au chapitre 8, précèdent les fièvres adolescentes. Dans une embrasure, le contact involontaire et fugitif avec une jolie voisine enflamme l'imagination de François-René. Il se compose alors, de toutes les femmes qu'il a vues, une femme idéale, « fantôme d'amour » qui le hante ; il peuple de chimères les bois d'alentour (ch. 11-12). À force de désirer en vain cette « Sylphide », le jeune homme, dans son délire, tente de se suicider (ch. 13 à 15).

Renonçant à la prêtrise, attiré par les Indes, bouleversé par la mort de sa nourrice, Chateaubriand finit par accepter d'« entrer au service » comme sous-lieutenant (ch. 16-17). Mais il reviendra plusieurs fois à Combourg, témoin du temps qui s'écoule, des décès qui se succèdent : « L'homme résiste moins aux orages que les monuments élevés par ses mains... »

Livre 4

Ce Livre et le suivant couvrent les quatre ans et demi qui vont du départ pour l'armée (1786) à l'embarquement pour l'Amérique (1791). Deux centres d'intérêt : Paris, et la Bretagne, où François-René fera de nombreux séjours[1].

« Avec mon père finissait le premier acte de ma vie » : de fait, après la mort du père (ch. 6-7), notre jeune provincial, présenté à la Cour, découvre un autre monde - qui le terrifie...

Livre 5

Ses 15 chapitres racontent surtout 1789 et les signes avant-coureurs du drame révolutionnaire. Témoin des premières violences, Chateaubriand nous invite à franchir le fleuve sanglant qui sépare à jamais le vieux monde du nouveau (ch. 7). Voici Mirabeau, en un magnifique portrait, puis un ennuyeux « notaire de village » : Robespierre ! (ch. 12-13).

Le chapitre 14 décrit l'ambiance de Paris ; le quinzième met en parallèle deux « sous-lieutenants ignorés » : Bonaparte et Chateaubriand... Lequel s'embarque bientôt pour l'Amérique, avec au fond du cœur « un désespoir sans cause ».

« Ici, écrit-il, changent mes destinées. »

---

1. Nous avons présenté en détail ces années de jeunesse dont le souvenir enchante l'auteur. Nous parcourrons d'un œil plus rapide les périodes suivantes.

Livres 6-7-8

C'est un triptyque consacré au voyage américain.

Le navire laboure la mer, on relâche dans des îles éblouissantes - puis c'est l'émotion du débarquement (*Livre 6*, ch. 2 à 6). On se rend à Boston (« premier champ de bataille de la liberté américaine ») ; puis voici New York, et les Iroquois. Accoutré en sauvage, notre explorateur chasse le rat musqué !

Après une nuit enchanteresse dans la forêt, il découvre le Niagara, qui l'attire irrésistiblement, tel un « désordre sublime ». Il s'approche trop près, glisse, se casse le bras. Soigné dans une hutte, il médite sur les rites de naissance et de mort... Les derniers chapitres du *Livre 7* montrent comment l'avidité commerciale du Vieux Monde a corrompu le Nouveau.

Essentiellement composé de tableaux (les lacs canadiens), de méditations (destinée des fleuves), de références aux mythes indiens, le *Livre 8* bifurque tout à coup : Louis XVI vient d'être arrêté à Varennes. L'auteur rentre en France. Il ramène avec lui, en imagination, « deux sauvages d'une espèce inconnue », ses deux héros, Chactas et Atala[1].

Livre 9

Chateaubriand se marie (ch. 1). Les députés de la Convention, bons époux et bons pères, font « couper le cou à leurs voisins avec une extrême sensibilité... ». Heures de folie : Marat et Fouché règnent, Danton le guillotineur monte à son tour sur l'échafaud. Déguisé en marchand de vin (!), Chateaubriand rejoint en Allemagne l'héroïque et pitoyable Armée des princes. Il y fait « à merveille » la soupe, et lit Homère (ch. 9 à 16).

Livre 10

De Jersey, notre homme passe en Angleterre, où il végète. A Westminster, « labyrinthe des tombeaux », il pense au sien « prêt à s'ouvrir » (ch. 1 à 5).

Il doit fuir l'amour de Charlotte, la fille du pasteur Ives

---

1. Ils prendront corps dans *Atala* (1801) et *René* (1802).

(ch. 9-10). Ambassadeur à Londres en 1822, il la retrouvera irrémédiablement mariée à un Lord Sutton... (ch. 11).

Livre 11

François-René analyse son caractère « ardent et glacé », dépeint le milieu des Émigrés (ch. 1 à 4). La mort de sa mère le ramène à cette religion qu'exaltera le *Génie du Christianisme*, publié en 1802 (ch. 6 à 8).

Le *Livre 12* brosse un tableau de l'Angleterre : sa littérature, ses mœurs privées et politiques, ses grands hommes.

Et à la fin de cette Première Partie, Chateaubriand, muni d'un faux passeport, regagne la France « avec le siècle » (1800).

DEUXIÈME PARTIE

Livres 1 et 2

L'auteur médite sur le temps et les *Mémoires*. Le succès d'*Atala* lui vaut une importune popularité féminine (ch. 3 à 7). Sa sœur Lucile est devenue folle... A Paris, la « tyrannie de tous » aboutit au « despotisme d'un seul ».
Sur les « débris de la foi », le *Génie* fait souffler un vent salutaire. Mais le charme trouble de *René* corrompt les âmes, et Chateaubriand le déplore... (ch. 8 à 13).
Après un long voyage dans le sud de la France, il rencontre Bonaparte, qui le reconnaît (« j'ignore à quoi ! »). On discute d'égal à égal - aussi bien de l'Égypte que de la religion chrétienne... (*Livre 2*, ch. 1 à 4).

Le *Livre 3* est plein du souvenir de Mme de Beaumont (sa maîtresse), de son agonie, de ses funérailles. Au *Livre 4*, coup de tonnerre : le duc d'Enghien est fusillé[1]. Indigné, Chateaubriand décrit ce que pourrait être le procès de Bonaparte, qui vient de se déshonorer à jamais.

1. En faisant ainsi exécuter ce fils du duc de Bourbon, le Premier Consul frappait à mort une opposition royaliste dont le duc d'Enghien aurait pu prendre la tête (1804).

Au *Livre 5*, la mort de Lucile atteint son frère « aux sources de (son) âme ». Il voyage en Orient (*Livre 6*), fait paraître *Les Martyrs* (1809), entre à l'Académie Française (1811). La publication des *Natchez* marque la fin de la carrière littéraire (*Livre 7*).

TROISIÈME PARTIE

Première époque

Elle nous ramène en 1800, au début de la « carrière politique ». 7 Livres successifs vont évoquer la fulgurante ascension puis la chute de Napoléon. Ce sont des pages aujourd'hui fameuses de notre Histoire : la campagne d'Italie, l'expédition d'Égypte, le coup d'État du 18 Brumaire, l'Empire, le désastre de Russie, l'île d'Elbe, les Cent-Jours, Waterloo...

Au *Livre 7*, abandonné de tous, Napoléon retrouve à Sainte-Hélène la noblesse du malheur et de la solitude.

« Poète en action », génie militaire, esprit supérieur, il aura été un mauvais politique à l'orgueil monstrueux. Fils de la Révolution, il l'a trahie, montrant aux Français - hélas consentants - le chemin de la servitude.

Mais à quoi bon s'attaquer à un mythe ? Chateaubriand préfère opérer la part des choses, et reconnaître à l'Empereur son vrai mérite : il a, en France, rétabli un ordre.

Seconde époque

Elle nous mènera de 1815 à la Révolution de 1830. Le *Livre 1* en marque d'emblée les limites et la grandeur : « le large soleil (impérial) » a disparu de la scène, mais les acteurs demeurent des géants, si on les compare à ceux d'après 1830 ! Car la Restauration a fait renaître, avec la liberté, la *dignité* des hommes. L'auteur brosse le portrait du très passif Louis XVIII, évoque sa propre disgrâce (temporaire), et ses discours.

Au *Livre 2*, nous le voyons passer d'une ambassade (Berlin) à l'autre (Londres) et rendre visite au grand poète Chamisso.

Le *Livre 3* dépeint la société anglaise de 1822, et l'activité diplomatique du vicomte - qui, avant son départ, revoit Charlotte Ives (cf. supra).

Comme Chateaubriand l'avait préconisé, une expédition française raffermit en Espagne le pouvoir du roi Ferdinand (1823). Mais cet éclatant succès n'empêche pas notre homme de tomber en disgrâce (*Livres 4 et 5*). Consacré aux années 1824/28, le *Livre 6* le conduit de cette destitution à son retour aux affaires (ambassadeur à Rome). Sans illusions, il réaffirme son attachement à la liberté, que la Charte doit garantir en France aux sujets de Sa Majesté[1].

Le *Livre 7* est dévolu au grand amour de sa vie, Juliette Récamier, qu'on ne « perdra plus de vue » jusqu'à la fin de l'œuvre. Au *Livre 8*, par exemple, il lui écrit de Rome ses méditations sur la Papauté, sur Dante, Michel-Ange ou Montaigne...

Les 4 derniers Livres de cette Seconde Époque sont riches en événements - des obsèques du Pape Léon XII aux journées révolutionnaires de Juillet 1830. Mais seules quelques pages présentent un réel intérêt :
- les promenades dans Rome, où l'on voudrait finir ses jours « parmi les orangers » (*Livre 9*, ch. 14) ;
- l'expédition d'Alger, les réflexions acerbes sur le nouveau gouvernement de l'autoritaire Polignac (*Livre 10*) ;
- les barricades de 1830 « gagnent peu à être racontées » (!), déclare Chateaubriand *lui-même*. Il réussit mieux la scène où la jeunesse le porte en triomphe en criant : « Vive le défenseur de la liberté de la presse ! » (*Livre 11*)...

QUATRIÈME PARTIE

« Si j'étais mort le 7 août (1830), mon drame eût magnifiquement fini. » Mais il faudra encore 10 Livres (la Quatrième Partie) pour que se ferme « le cercle de mes jours »...

Le *Livre 4* nous fait retrouver Charles X en exil à Prague[2]. Chateaubriand a ces paroles amères sur les lignées

1. C'est le système équilibré de la *monarchie constitutionnelle* (ch. 8).
2. La Révolution de 1830 a chassé les Bourbons et porté au pouvoir Louis-Philippe, duc d'Orléans. Le parti légitimiste tenta de le renverser pour remettre sur le trône un Bourbon, petit-fils de Charles X. Chateaubriand, qui avait participé au complot, fut emprisonné (*Livre 2*).

qui vivent trop longtemps : « Pour mourir beau, il faut mourir jeune (...) Vous qui aimez la gloire, soignez votre tombeau... »

François-René rentre à Paris. Sur son « carnet de voyage », quelques croquis : une jeune vendangeuse, un ivrogne, une hirondelle, une auberge solitaire. Mais il médite aussi sur la vieillesse... (*Livre 5*). Le *Livre 6* relate un autre voyage, de Paris à Venise. Passant par Vérone, Chateaubriand, dans un curieux « appel des morts », invoque les monarques défunts comme on le ferait des Esprits (ch. 4).

De Venise à Prague, ce sont les *Livres 7 à 9* : Combourg y resurgit dans les bois du Danube (ch. 3). Au retour, la « lumière demi-éteinte » des réverbères de Paris vacille, « comme la petite lampe de ma vie... ».

La société monarchique se meurt, mais le vicomte sera toujours fier d'avoir été « le dernier sujet de celui qui sera peut-être le dernier roi[1] ». Et le voici qui reste seul de son temps « devant le rideau baissé, avec le silence et la nuit » (*Livre 9*).

Quelques femmes encore, dont George Sand. Un long chapitre sur Talleyrand, prince « aux trois quarts pourri », avant que meure Charles X... (*Livre 11*).

25 septembre 1841 : après 29 ans, 11 mois et 21 jours, la rédaction des *Mémoires* s'achève. C'est le *Livre 12*. « Le vieil ordre européen expire. » L'inégalité des fortunes ne sera plus longtemps tolérée par les pauvres ; c'est dans la fraternité prêchée par le Christ que le monde à venir trouvera son salut (ch. 8).

Récapitulant sa vie, Chateaubriand ne reconnaît plus le globe qui l'a vu naître. Quelles destinées vont éclairer, pour l'insecte humain à l'immense intelligence, les astres nouveaux ?

Quant à lui, son monument est achevé : les scènes de demain appellent d'autres peintres. Il ne lui reste plus qu'à s'asseoir « au bord de sa fosse » avant de descendre hardiment, « le crucifix à la main, dans l'éternité ».

---

1. Il désigne ainsi, non pas Charles X, mais son petit-fils Henri V, dépositaire de la légitimité des Bourbons.

2 Les thèmes majeurs des *Mémoires* : du Temps à l'éternité

Comme tous les Romantiques, Chateaubriand est hanté par le sentiment de la fragilité des choses humaines. Ses *Mémoires* sont donc une longue méditation sur la fuite du Temps, qui altère ou détruit tout en ce monde, et sur la Mort, maîtresse de notre destinée. De là procèdent à la fois une profonde mélancolie et ce culte du souvenir qu'après Chateaubriand célébreront Musset ou Victor Hugo : se souvenir, c'est toujours arracher quelque chose au Néant. Mais pour que soit décisive cette victoire sur la Mort, il faut lui donner la forme tangible d'une œuvre : la mémoire de François-René engendrera les *Mémoires*, qui, d'outre-tombe et pour l'éternité, préservent le frémissement même de la vie.

LE MOI FACE AU TEMPS ET À LA MORT

• *La fuite du Temps*

La fugacité du Temps est un des motifs principaux de ces *Mémoires*. La marque du Temps s'imprime sur les lieux et les objets, qu'il dégrade, transforme, ou abolit entièrement : le Moi de l'auteur l'éprouve constamment. Chateaubriand n'a pas 20 ans que, devant sa maison natale transformée en auberge, le voici déjà « étranger aux lieux de (son) enfance ». Traversant Cambrai après les Cent-Jours, c'est en vain qu'il cherche la maison qu'il y habitait quand il était en garnison dans la ville : « Tout avait disparu, hommes et monuments. » A son retour d'émigration, la France après huit ans d'exil lui paraît « aussi nouvelle que (lui) avaient été autrefois les forêts de l'Amérique... » : c'est que la fuite du Temps s'est ici insérée dans *l'irréversible courant de l'Histoire*, qui entraîne régimes politiques, sociétés et empires. Si la patrie est à ce point méconnaissable, c'est l'œuvre de la Terreur : châteaux abattus, cimetières dévastés, murs barbouillés d'inscriptions où reparaît obstinément le mot MORT (t. II, p. 12).

• *La Mort et le mal de vivre*

Mort ! Tel est bien l'ultime mot des liaisons humaines : « Vingt fois des sociétés se sont formées et dissoutes autour de moi. » Le Temps emporte dans la Mort puissants et misérables. Il nous ravit aussi les êtres chers, Lucile tant aimée, ou cette bonne tante qui chantait la chanson de la Fauvette, et toutes ces femmes qu'on adora[1]. « Il y a toujours deux chances pour ne pas retrouver l'ami que l'on quitte : notre mort et la sienne. Combien d'hommes n'ont jamais remonté l'escalier qu'ils avaient descendu ? » (I, X, 2).

La conscience que notre destinée fait de nous des « êtres-pour-la-Mort[2] » inspirera même à Chateaubriand le sentiment que *la vie est une malédiction « infligée »* : « Après le malheur de naître, je n'en connais pas de plus grand que celui de donner le jour à un homme. » L'auteur des *Mémoires* éprouve intensément le vertige de la Mort : souvent il pense qu'il aurait pu, ou dû mourir avant son heure - emporté par la Révolution, dévoré par les requins, englouti par le Niagara ou dans un naufrage[3]...

• *Faiblesse et inconstance du cœur humain*

L'érosion du Temps s'exerce aussi sur nos propres sentiments. Que d'affections se brisent ou dépérissent ! François-René avait juré fidélité au souvenir de Mme de Beaumont : et pourtant, qu'il a vite « non pas oublié, mais remplacé » ce qui lui fut cher ! C'est folie de jurer qu'on aimera toujours : notre cœur, comme tout au monde, est soumis à la mobilité du Temps. Ainsi la « rêverie au Lido » illustre-t-elle superbement la précarité de nos sentiments : quelques mouvements de flux et de reflux de la mer suffisent à effacer sur le sable le nom de Juliette Récamier (IV, VII, 18)...

1. En II, I, 7, Mme de Beaumont ouvre leur cortège funèbre.
2. Selon le mot du philosophe Heidegger.
3. Dans sa jeunesse, il tenta de se suicider (t. I, p. 134).

De même, quand Chateaubriand évoque des lieux qui résistent à la morsure du Temps, c'est en général pour mieux souligner combien nous sommes éphémères. Debout sur son rocher, l'antique donjon de Combourg témoigne que l'homme « résiste moins aux orages que les monuments élevés par ses mains »...

Cette conscience de notre faiblesse habite l'auteur des *Mémoires*, peut-être plus cruelle encore que la hantise de la Mort : « Tous mes jours sont des adieux », nous confie François-René. Et son livre tout entier se colore d'une incoercible *mélancolie*, qu'avive le sentiment de la *solitude*.

MÉLANCOLIE, ANGOISSE ET SOLITUDE

• *De la mélancolie à l'angoisse existentielle*

Les premiers Romantiques ont vu dans la mélancolie l'état quasi permanent de l'âme « moderne », depuis que le christianisme a dit à l'homme : « Tu es mortel. » Rien d'étonnant à ce qu'elle baigne une œuvre qui porte la même signature que le *Génie du Christianisme* ! Tout inclinait Chateaubriand à la mélancolie : les tristes années de Combourg, le sentiment d'appartenir à une « fin de siècle », l'écroulement d'une société, de tout un monde même. Sa réflexion sur l'Histoire et son expérience politique conspireront à lui montrer sans cesse que tout s'en va, que tout s'effondre autour de lui. Et sa mélancolie s'approfondit dans les *Mémoires* en une angoisse existentielle. Elle se reflète dans les scènes crépusculaires, si nombreuses dans l'œuvre[1]. Chateaubriand projette alors ses états d'âme sur des décors, qui lui renvoient à leur tour l'image de son angoisse...

• *Une solitude hantée : « déserts », ombres et spectres*

Rues sans habitants, places où il ne passe personne, cloîtres « muets et dépeuplés » : cette vision de Rome sous la lune (t. II, p. 93) donne une idée assez juste des lieux déserts que

---

1. Cf. Combourg (t. I, p. 63), Westminster (t. I, p. 440), le *Miserere* à la Chapelle Sixtine (t. III, p. 521-522).

François-René visite de par le monde. Mais ces décors désolés ou en ruine sont le plus souvent habités par des ombres et des spectres, émanation d'un au-delà.

Bien qu'il fût encore de ce monde, la voix du maître de Combourg résonnait déjà, au petit matin, dans le château vide, comme celle « du dernier fantôme de la nuit ». Et c'était un comte bel et bien mort depuis trois siècles dont la jambe de bois hantait, disait-on, le manoir. On perçoit ici le discret sourire de Chateaubriand - mais la plupart des lieux qui le verront passer seront hantés par des ombres réellement émouvantes. Celle de Philippe II d'Espagne habite encore l'Escurial, et au bord du lac de Genève, le tombeau de Mme de Staël est environné des ombres illustres de Rousseau, Voltaire et Byron[1]...

On le voit, le sentiment amer de la vanité des choses humaines est étroitement lié à un culte du passé. Éclairé par la mémoire de François-René, sa culture, sa méditation sur l'Histoire, ce passé est la source vive du *souvenir*, que magnifieront les *Mémoires*.

LE SOUVENIR ET LES SONGES

« Sans la mémoire, que serions-nous ? Nous oublierions nos amitiés, nos plaisirs, nos affaires (...) Notre vie est si vaine qu'elle n'est qu'un reflet de notre mémoire... » Oui, alors que le Temps semble tout promettre à l'oubli, à l'anéantissement, êtres et choses perdurent dans la mémoire des hommes. Au centre des *Mémoires*, vaste champ de souvenirs, se dresse Chateaubriand, qui inlassablement nous dit : « J'ai vu... »

• « *Ma mémoire est un panorama* »

Sous nos yeux, François-René déroule le panorama de sa vie. Il la ressaisit dans ses aspects les plus divers, de l'enfance bretonne à cette hantise de la mort qui vient - lui laissera-t-elle achever son ouvrage ? Il la restitue dans les mille décors

---

1. T. IV, p. 146 ; venue se recueillir dans ce « bocage funèbre », Mme Récamier en sort « elle-même comme une ombre »...

où elle l'a mené : aux Amériques, en Angleterre, en Italie et en Bohême... Il nous dit sa vie privée, avec ses détails familiers, ses anecdotes émouvantes ou ironiques[1]. Il nous peint sa vie publique, en homme qui a pris part active à l'Histoire, dans l'action politique ou la diplomatie. Parfois, le même décor accueille tour à tour les deux Chateaubriand : jeune émigré pauvre à Londres en 1793, l'y revoici ambassadeur de France en 1822...

Presque à chaque page, circonstances et lieux relient Chateaubriand à l'Histoire universelle - qu'il en soit le témoin direct, ou que sa culture lui en rappelle le souvenir. Seul aux environs de Gand, tandis qu'il lit César, retentit au loin le grondement de Waterloo. Le spectacle de Rome le renvoie sans cesse du présent au passé, proche ou lointain : du Vatican au Colisée, des Catacombes aux tombeaux païens, du conclave à Michel-Ange[2]... Sur le pavé romain, si bien conservé, qui mène à Tivoli, il revoit l'image d'un grand poète latin : « Horace a foulé les pierres que je foule » - où est-il aujourd'hui, sinon dans le souvenir des hommes ? Au cimetière juif de Venise encore, il évoque Jérusalem et « cette haine de tous les peuples pour les immolateurs du Christ... ». Tout lui est ainsi prétexte à élargir sa vision aux dimensions de l'univers.

• *La mémoire et le rêve : des fantômes vivants*

Peuplés d'ombres, les *Mémoires* le sont aussi des rêveries de Chateaubriand, des fantômes vivants que son imagination suscitait. En nous les restituant, il a fait de son livre *le poème de sa vie.*

Souvenirs et songes s'y entremêlent. Tantôt ce sont de simples *réminiscences affectives*, au mécanisme involontaire[3] : à Bischofsheim une hirondelle, dans le parc de Montboissier une grive, font resurgir l'image de Combourg[4]. Tantôt

---

1. Ainsi le voit-on, à son retour de Prague (il a 65 ans), « jouer » toute une nuit dans sa calèche d'un accordéon de fortune, avec un enthousiasme cocasse et touchant...
2. Cf. t. III, p. 545 sqq.
3. C'est ainsi que fonctionnera la mémoire chez Proust.
4. D'un lieu à l'autre, les décors du souvenir font aussi revivre les êtres chers : les étoiles que Mme de Beaumont lui montrait à Savigny, François-René les voit briller sur la Sabine, près de Rome où elle a son tombeau...

Chateaubriand modèle des êtres fictifs, qui peuplent sa solitude : sur la route de Karlsbad à Paris (t. IV, p. 284 sqq.), il s'entretient sous les étoiles avec une jeune Romaine imaginaire. Il l'appelle Cynthie (comme l'amante du poète Properce), et l'invite à écouter chanter les Nymphes, avant d'évoquer lui-même les Parques...

Mais le songe le plus saisissant est né à Combourg. A la fois rêve, fantôme et compagne lointaine, la Sylphide est pour François-René la synthèse idéale des femmes qu'il a vues. Par elle, il devient un être aérien, avec elle il voyage en esprit et « dévore des mondes »[1]. C'est l'idole qui hante l'œuvre en ses métamorphoses[2], mais demeure inaccessible. Elle est pour Chateaubriand l'image même de sa destinée, et de la condition humaine : désirs infinis, rêve de perfection, d'amour, de bonheur, tout s'évanouit dès qu'on tend les mains. Nous serions ainsi ramenés à la mélancolie, si le monument grandiose des *Mémoires* ne se dressait devant nous, comme le signe d'une éclatante victoire sur l'évanescence des choses.

LE TEMPS VAINCU : LE MONUMENT DES « MÉMOIRES »

Si vaste que soit le champ des souvenirs d'un homme, ils doivent périr avec lui. Mais à travers les *Mémoires d'Outre-Tombe*, ce « Temple de la Mort élevé à la clarté de (ses) souvenirs », Chateaubriand a su conférer aux images qui peuplaient sa mémoire une vie éternelle.

• *Un temple de la Mort*

La Mort est bien au centre du monument des *Mémoires*. Il lui doit son caractère sacré, il lui doit aussi son mystère. Et tout ce que la Puissance suprême a détruit de plus inestimable s'y trouve rassemblé, comme à Westminster les statues des grands hommes.

---

1. « Main dans la main, nous visitions (...) Venise, Rome, Athènes, Jérusalem (...) nous franchissions les mers (...) nous dormions aux rives du Gange... » (t. I, p. 129).
2. Cf. t. I, p. 189, 240, 323...

Mais ces reliques ne gisent pas dans les ténèbres. Sur elles, Chateaubriand projette la lumière du souvenir, qui arrache au Néant les épisodes de sa vie et les grands tableaux de l'Histoire. Le jour se lève sur les morts de la retraite de Russie, et les restitue à nos yeux : quoique blafard, il les sauve de l'oubli. « Les sapins changés en cristaux immobiles s'élèvent çà et là, candélabres de ces pompes funèbres (...) Le jour grandissant *éclairait* des cercles de fantassins roidis et morts autour des bûchers expirés... »[1] Le feu a disparu, mais, telle une promesse, la lumière demeure.

• *Un sanctuaire vivant aux multiples échos*

« Temple de la Mort », les *Mémoires* ne sont pas une nécropole morte. Chateaubriand sans cesse y met en relation la destinée des grands hommes entre eux : sous sa plume, Napoléon « dialogue » avec Washington ou avec Charlemagne. Il « dialogue » aussi, comme Lord Byron et tant d'autres, avec Chateaubriand lui-même[2]. C'est dans cet échange perpétuel, cet éclairage réciproque d'une grande âme par les autres que se restaure dans le sanctuaire la circulation de la vie, démultipliée. « Comme de longs échos qui de loin se confondent »[3], y retentissent les voix mêlées de l'auteur et de l'Histoire. La puissance de leurs accords proclame leur victoire sur cela même qu'elles disent : que rien ici-bas ne demeure...

Dans ce concert des voix qui se sont tues, mais dont le réseau ressuscite, dans l'interpénétration des lieux, des époques, des événements qui gravitèrent autour du mémorialiste, réside la plus originale et durable beauté de son œuvre. Le voici sur les hauteurs de Prague : « Le sort des hommes, la destruction des empires, les desseins de la Providence, se présentaient à ma mémoire, en s'identifiant aux souvenirs de ma propre destinée... » (IV, IV, 1). Le voici au bord du Danube, évoquant le Nil, le Tibre, le Meschacebé... Oui, dans le temple des *Mémoires* se joue une ample symphonie,

---

1. Tome II, p. 450-451.
2. Byron, cf. t. IV, p. 403 sqq. ; Charlemagne, cf. t. II, p. 338.
3. Baudelaire, *Correspondances*.

dont les accents se fondent en l'unité d'une méditation vivante.

• *Un signe d'éternité*

Au soir de sa vie, Chateaubriand s'apprête à « descendre hardiment » dans l'éternité : c'est que la Foi le soutient. C'est aussi qu'il est sûr de ne pas mourir tout entier : par-delà le tombeau, à travers les *Mémoires*, il continuera de nous parler.

Mais surtout le salut lui viendra de l'écriture. La plume qui court sur la page capture le Temps dans son mouvement même. Mieux encore : Chateaubriand, par l'incessant va-et-vient du regard entre l'heure qu'il a vécue et l'heure où il s'en souvient, sauve à la fois l'une et l'autre - l'une par l'autre. Dans cette activité de la *conscience*, il trouve enfin l'unité de son être et de son livre : « Ma jeunesse pénétrant dans ma vieillesse, les rayons de mon soleil, depuis son aurore jusqu'à son couchant, se croisant et se confondant, ont produit dans mes récits une sorte d'unité indéfinissable » (Avant-propos). L'écrivain, comme Dieu le monde, tient sous son regard un long itinéraire. Il en transcende les épisodes, en dégage la quintessence : c'est la permanence du Moi, malgré tout ce qui le menace. Moi chétif, promis à la Mort. Moi orgueilleux de savoir la combattre : l'écriture épouse le Temps pour mieux le vaincre, elle en recrée la profondeur afin de mieux la dominer.

LA MER, TOUJOURS RECOMMENCÉE

« De la table où j'étais assis, je contemplais cette mer qui m'a vu naître, et qui baigne les côtes de la Grande-Bretagne où j'ai subi un si long exil ; mes regards parcouraient les vagues qui me portèrent en Amérique, me rejetèrent en Europe et me reportèrent aux rivages de l'Afrique et de l'Asie... » (I, II, 1). Si la mer fascine l'auteur des *Mémoires*, c'est qu'elle est, comme son tombeau, le lieu de toutes les synthèses. Elle vous mène vers l'Ailleurs, et vous ramène dans le port. Toujours nouvelles, ses vagues sont toujours les mêmes. Elle est ce qui relie entre eux les continents, et les époques où ils ont accueilli le voyageur. A la fois Espace et Temps, et mémoire d'un destin, elle donne à ce dernier la cohérence vivante d'un flux et d'un reflux perpétuels. Sur sa vaste étendue vibrent tous les échos des souvenirs et des songes. Miraculeux creuset de ce qui subsiste et de ce qui change, c'est tout naturellement avec elle que Chateaubriand, depuis le rocher où s'élève sa tombe, poursuit un dialogue qui ne saurait avoir de fin.

« Je ne dirai de moi que ce qui est convenable à ma dignité d'homme » (II, III, 7). Nous voici prévenus : Chateaubriand n'est pas Rousseau, il ne confessera pas tout. Sur certains points, il fait silence. Maître de ce qu'il nous dira, il le met en scène, parfois le travestit, voire l'imagine, purement et simplement. « Un hâbleur, le vicomte ! » écrit Henri Guillemin[1].

Il faut le reconnaître. Sans manquer pourtant de donner la parole à la défense.

LES PUDEURS DU VICOMTE

Chateaubriand nous parle peu des plaisirs solitaires de son adolescence[2] - ou de son goût précoce pour les femmes. Mais c'est surtout sur les questions d'argent que ses confidences s'arrêtent à mi-chemin.

Il nous cache par exemple que son père tirait bénéfice de la traite des Noirs. Et sur ses propres affaires, il en dit trop, ou pas assez. Il nous prend à témoins de tous ses ennuis financiers, ne nous fait grâce d'aucune dépense, n'oublie pas - elles furent lourdes - la moindre dette. Mais prodigue de détails sur l'argent qui lui fait défaut - sans toujours indiquer précisément où il « passe »[3] -, il se fait bien plus discret sur ses « rentrées » ou ses économies...

---

1. *L'homme des « Mémoires d'Outre-Tombe »* (Gallimard, 1965).
2. Paradoxalement, le romancier nous en dit plus sur ce sujet dans *René* que l'autobiographe dans ses *Mémoires*...
3. « A quoi diable mangez-vous votre argent ? » demande Charles X à notre homme. Guillemin répond pour lui : à me vêtir avec recherche, à vivre sur un grand pied, à entretenir toutes mes maîtresses. Mais aussi (la discrétion se fait ici louable) à donner *beaucoup aux pauvres*...

Voici donc un aristocrate qui enfreint le tabou de l'aristocratie : parler d'argent, fi ! et de dettes, pis encore ! - mais qui ne l'enfreint qu'à demi. Il dit plus qu'il n'est « convenable », et moins que ne l'exigerait la vérité.

François-René a donc ses pudeurs - il serait fastidieux d'en allonger ici la liste. Elles peuvent se comprendre, mais aussi nous agacer, après les franchises de Jean-Jacques. Il a aussi ses artifices, tant il excelle à théâtraliser ce qui lui semble trop banal.

CHATEAUBRIAND METTEUR EN SCÈNE

Chacun se souvient des fameuses soirées à Combourg (I, III, 3). Comme un spectre, le père arpente la grand-salle enténébrée. Il laisse parfois tomber un laconique : « De quoi parliez-vous ? »... Or on lit, dans le manuscrit original : « (...) mon père, interrompant sa promenade, venait quelquefois s'asseoir au foyer pour nous faire l'histoire de la détresse de son enfance... » En gommant pour l'édition définitive cette scène familière, l'auteur a forcé le trait, noirci l'image d'un père mal aimant (et peu aimé).

Et que dire du parallèle avec Bonaparte ? Saint-Malo devient une île (t. I, p. 34), comme la Corse ! Napoléon ne naît plus en 1769, mais en 1768, comme Chateaubriand ! Et quand le duc d'Enghien est exécuté, l'écrivain déclare : « Cet événement changea ma vie, *de même qu'il changea celle de Napoléon* » ! (t. II, p. 133). Devant la postérité, François-René prend la pose...

Plus profonde encore, il y a cette coïncidence, ménagée par l'auteur *au mépris des dates*, entre la mort de sa mère et celle de sa sœur Julie (t. I, p. 491-492). Illuminé par ce signe du Ciel, « j'ai pleuré et j'ai cru », nous dit Chateaubriand. En réalité, il arrange ainsi un coup de *théâtre*, afin de mieux mettre en valeur le « retour à la foi » qui va inspirer le *Génie du Christianisme*...

Qu'il s'agisse donc de son enfance, de sa destinée publique ou de sa vie la plus intime, Chateaubriand toujours guette « la scène à faire », la formule brillante.

PETITES ET GRANDES TRICHERIES

Ainsi notre peintre aide-t-il la réalité à ressembler davantage... à ce qu'elle devrait être. Mais qui transfigure, parfois défigure. Prenons-en trois séries d'exemples.

1/ Dans la vie personnelle et la carrière littéraire :

• Le fringant soldat des *Mémoires* avait, en fait, un goût très mesuré pour le métier des armes - dût-il s'exercer pour la bonne cause des princes en exil : quand les Émigrés d'Angleterre projettent une expédition royaliste en Bretagne (décembre 1793), le voici tout à coup qui s'éclipse de Londres et s'enfonce en province...

• Mais ceci n'est rien à côté de ce que Chateaubriand nous dit de son *Génie*. Il l'aurait entrepris « en expiation » des chagrins que son incroyance avait causés à sa mère. Allons ! En 1799, les idées qu'il va développer sont « dans l'air », et fort propres à lui attirer les faveurs de Bonaparte. Œuvre de circonstance, oui : mais ce n'est pas celle qu'on croit !

Quant à prétendre qu'elle parut « sans prôneurs [1] », alors que son lancement fut officiel tant elle plaisait au Pouvoir ! « Celle-là est raide, s'écrie Guillemin, et d'une ingratitude honteuse. Pas un seul livre (...) qui ait été "prôné" d'avance (...) avec une telle ardeur et une telle efficacité. »...

Ceci nous amène indirectement aux confidences politiques.

2/ Sur le plan politique :

• En décembre 1791, Chateaubriand quitte l'Amérique pour regagner la France. A l'en croire, il vole au secours de Louis XVI, arrêté à Varennes. En réalité, ses rêves de fortune américaine se sont évanouis, et les créanciers de là-bas le serraient d'un peu trop près...

• Talleyrand ? une ordure, mille fois vilipendée : Talleyrand et Fouché à Saint-Denis [2], c'est « le vice appuyé sur le bras

---

1. T. II, p. 40 - nous dirions « sans publicité ».
2. Les deux grands dignitaires de l'Empire vont y faire acte d'allégeance à Louis XVIII (t. II, p. 628).

du crime ». Mais ce mauvais prêtre, cet « apostat », que de fois le vicomte s'est-il courbé devant lui[1] !

• L'exécution du duc d'Enghien ? Une abomination : Chateaubriand rompt sur-le-champ avec le Premier Consul. En fait, c'est l'occasion de refuser ce poste d'ambassadeur en Valais qui l'humiliait[2]. Et de se rapprocher des royalistes, dont il croit pressentir le retour au pouvoir[3].

• Face à l'Empereur, Chateaubriand s'est campé en farouche opposant : Tacite fustigeant Néron[4] ! Au vrai, après 1807, ses attaques viseront exclusivement l'entourage du Maître — où il enrage secrètement de ne point figurer[5]...

Napoléon l'a toujours tenté — et, quoi qu'il en ait dit, jamais persécuté. L'Empereur favorisa même son élection à l'Académie Française ! Mais il n'a jamais voulu l'employer... Le vicomte, lui, n'a guère tonné contre l'Ogre quand il était tout-puissant. C'est une fois Napoléon à terre qu'il le piétinera (*De Buonaparte et des Bourbons*).

On discerne en tout ceci bien davantage le dépit ou la vanité que la droiture des principes. Lamartine stigmatisait d'ailleurs l'opportunisme de cet homme qui « changeait de parti quand la Fortune changeait de héros ». Mais voici plus grave.

3/ Lucile trahie :

10 décembre 1804 : mort de Lucile. Très probablement un suicide[6]. Donc, pas d'obsèques religieuses. Il est dès lors inconcevable que l'auteur du *Génie du Christianisme* y assiste. Il prétendra (t. II, p. 211) que sa femme « tomba tout à coup dangereusement malade »... Pas de tombe non plus :

---

1. Seul un bref aveu nous en avise : « Nous avons pourtant admiré, encensé, béni (ces bandits) » (t. II, p. 589).
2. Sa piteuse lettre de démission n'allègue que... la mauvaise santé de sa femme !
3. Ce qui ne fait guère honneur à son sens politique : quelques mois plus tard, c'était l'Empire...
4. Cf. t. II, p. 178 : « Lorsque, dans le silence de l'abjection, l'on n'entend plus retentir que la chaîne de l'esclave et la voix du délateur, (...) l'historien paraît, chargé de la vengeance des peuples... »
5. Ne ferait-il pas un bon « surintendant des bibliothèques » ?
6. Le texte original des *Mémoires* le laissait clairement entendre, mais le passage a disparu dans l'édition définitive.

c'est la fosse commune. Mais un monument peut, selon l'usage, y marquer l'endroit où repose la défunte. Hélas ! Chateaubriand n'obtient pas de sa sœur Bénigne qu'elle fasse élever cette stèle - et lui-même recule devant la dépense[1]...

Ce n'est pas très beau. Ce que disent les *Mémoires* l'est moins encore. « Il fut impossible de retrouver sa sépulture », affirme le manuscrit de 1826. « Je la cherchai longtemps avec le fossoyeur. » Et le texte définitif aggrave le mensonge : « Dans quel cimetière fut-elle déposée ? (...) Retrouverais-je même le gardien de l'enclos funèbre ? (...) Puisque le ciel l'a voulu, que Lucile soit à jamais perdue ! »

Il y a là-dedans presque du Tartuffe - alors que François-René s'avoue atteint par cette mort « aux sources » mêmes de son âme, et qu'il le fut certainement.

QUELQUES INVENTIONS PURES ET SIMPLES

Il arrive enfin à Chateaubriand d'affabuler. Complètement. Il ne déforme plus les faits, il en invente, de toutes pièces.

• Il prétend, par exemple, qu'enfermé dans l'abbaye de Westminster, il y a veillé parmi les tombeaux (t. I, p. 440 sqq.). La scène est digne de Shakespeare. Mais inventée : l'auteur cède à son goût du morbide, allant jusqu'à rencontrer des ombres qui sont inhumées ailleurs : Jane Grey, Milton, Bacon...

• La rencontre avec Washington (t. I, p. 280) ? Elle est plus que douteuse. Mais il en a besoin : pour marquer un point fort de son voyage en Amérique ; pour bâtir son parallèle entre Washington et Bonaparte[2] ; pour se situer lui-même sous le regard des deux « géants ».

• Quant à l'aventure américaine elle-même, nous savons à présent qu'elle s'est limitée à la Pennsylvanie, au Niagara et à l'Ohio : « Le Mississippi, La Louisiane, la Floride, c'est

1. Il avait songé à faire imprimer en une plaquette quelques écrits de Lucile, pour couvrir les frais. Projet sans suite : pas de stèle donc à l'emplacement *marqué* par la famille...
2. « Nés tous deux de la liberté, le premier lui fut fidèle, le second la trahit » (t. I, p. 283).

en rêve qu'il les a vus, ou, pour mieux dire, dans ces ouvrages qu'il pille avec diligence et qui sont ouverts sur sa table tandis qu'il fait semblant d'évoquer des souvenirs[1]... »

« L'ŒUVRE D'ART EST UN BEAU MENSONGE » (STENDHAL)

« Hypocrisie politique, littéraire et religieuse » : ce jugement de Vigny sur Chateaubriand[2] est un peu abrupt. Nous venons de voir qu'il n'est pas sans fondement.

Mais un écrivain n'a-t-il pas le *droit* de mentir ? Pour le romancier, c'est presque un devoir ! Pour le mémorialiste, on peut en discuter. Aussi scrupuleux soit-il, on attend toujours de lui qu'il crée aussi de la beauté - on se contenterait, sinon, du *Journal Officiel*... Quand il y a conflit entre la vérité des faits et la beauté de l'œuvre, nous savons parfois gré à l'auteur de préférer la seconde.

« Marie-Antoinette, en (me) souriant, dessina si bien la forme de sa bouche, que le souvenir de ce sourire (chose effroyable !) me fit reconnaître la mâchoire de la fille des rois, quand on découvrit la tête de l'infortunée dans les exhumations de 1815... » (t. I, p. 215). L'anecdote, à coup sûr, est incroyable. Mais ce mensonge du souvenir, conforme à la vérité d'un fantasme, n'est-il pas plus émouvant qu'un plat procès-verbal ? De même la Sylphide de ses rêves est plus vivante encore que les maîtresses du vicomte...

L'écriture jamais ne saurait parvenir à rendre compte du réel : faire de cette infirmité une vertu, c'est la démarche des poètes. Acceptons donc que les *Mémoires* soient un monument littéraire plus qu'un document historique. En les façonnant, Chateaubriand construit sa propre image[3]. Incompris de ses proches, François-René, comme tout un chacun, rêve d'une *recréation* : ne devoir qu'à soi l'image

---

1. Guillemin, op. cit. - Parcourant la route Éleusis-Athènes dans le sens *inverse* du guide qu'il copiait, Chateaubriand (dans l'*Itinéraire*) place à gauche ce qui est à sa droite !
2. Dans son *Journal d'un Poète*, à la date du 3 septembre 1836.
3. C'est à peu près ce que Montaigne dit des *Essais*.

qu'on laisse, que l'on fait surgir « d'outre-tombe »... Véritable poème de son existence, les *Mémoires* lui donnent sens. Non point telle qu'elle fut exactement, mais telle qu'elle aurait pu être. Telle que Chateaubriand, la ressaisissant, est au moins capable de la *concevoir*.

Dès lors que tout portrait est un portrait mythique[1], pourquoi ne pas donner au sien une cohérence plus grande, gommant certaines « défaillances », estompant des contradictions ? La critique, si elle veut (si elle peut), les relèvera : c'est son rôle. Mais pour Chateaubriand, au regard du Néant, la distance est infime entre la vie réelle et la vie rêvée. Que le mensonge qui abolit cette distance soit, du moins, un beau mensonge !

---

1. Ses soldats, le peuple et les écrivains ont fait de Napoléon une figure de légende, un mythe : Chateaubriand le déplore (t. II, p. 652). Mais les *Mémoires* édifient sa propre « statue ».

Bibliographie succincte

• **Édition de référence :** Bibliothèque de la Pléiade (Gallimard).

Œuvres romanesques et voyages, I (1969), pour *René* (avec *Atala, les Natchez, Voyage en Amérique, Vie de Rancé*) : texte établi, présenté, annoté par Maurice REGARD ;

Mémoires d'Outre-Tombe, en 2 volumes (1976) : remarquable présentation de Maurice LEVAILLANT et Georges MOULINIER.

• **Ouvrages généraux :**

Henri PEYRE : *Qu'est-ce que le Romantisme ?* (P.U.F., 1971) - 300 pages très documentées ; 2 chapitres précieux (V et VI) sur les grands thèmes du Romantisme.

Philippe LEJEUNE : *L'autobiographie en France* (A. Colin, collection U 2, 1971) - une histoire du genre (clairement distingué de la biographie, de l'autoportrait, du journal intime...) et une anthologie (de Rousseau à François Nourissier).

• **Sur la vie et l'œuvre de Chateaubriand :**

Pierre MOREAU, *Chateaubriand* (Hatier, Connaissance des Lettres, 1967) - utile vue d'ensemble ; un bon chapitre (7) sur le style.

André MAUROIS, *René ou la vie de Chateaubriand* (Grasset, 1956 ; Livre de Poche, n° 4991) - cette belle biographie n'est pas romancée, mais se lit comme un roman ; de solides chapitres sur l'attitude politique et religieuse (IV, VII à IX).

• **Sur son expérience politique et religieuse :**

Politique de Chateaubriand, textes présentés par G. DUPUIS, J. GEORGEL, J. MOREAU (A. Colin, collection U, 1966) - excellente anthologie (cf. notamment le chapitre sur la liberté, p. 168-223).

Chateaubriand devant Dieu, de P. MOREAU (Desclée de Brouwer, 1965) - analyse claire d'un délicat problème.

• **Sur la thématique (notamment dans les *Mémoires*) :**

J.-P. RICHARD, *Paysage de Chateaubriand* (Le Seuil, 1967) - un regard neuf sur l'écrivain ; l'analyse, comme toujours chez Richard, est très fouillée.

• Sur *René* :

Pierre Barberis, *« René », un nouveau roman* (Larousse, 1973) - une très stimulante analyse marxiste, d'une lecture parfois un peu difficile.

• Sur les *Mémoires* :

André Vial, *Chateaubriand et le Temps perdu* (Julliard, 1963) - en une centaine de pages, un remarquable essai, précis et inspiré. Indispensable.

Henri Guillemin, *L'homme des « Mémoires d'Outre-Tombe »* (Gallimard, 1965) - l'envers du décor ; mais l'irrespect n'exclut pas du tout la tendresse...

• **« Les Cours de Sorbonne »** (C.D.U.) ont publié en 1951 le cours de P. Moreau sur *René* et les *Mémoires* : 3 fascicules qui demeurent une référence.

Index thématique[1]

Amour
1/ 31, 35, 39, 41, 63, 66, 67, 71.
2/ 157, 160, 162-163, 166-168, 173.
3/ T. I 125-128, 131-132, 454-465 / T. III 308-321, 378-383, 396-397 / T. IV 22-27, 133-135.

Mal de vivre
1/ 16, 33, 34, 37, 38, 42, 63, 64.
2/ 143, 147-148, 156-161, 165-166, 174-175, 180-182.
3/ T. I 29, 132-133, 516-517 / T. II 42-44.

Moi
1/ 16, 35, 37-38, 49, 65-66, 69.
2/ 143-145, 158-160, 180-182.

Mort
1/ 39, 42-43, 45, 62-63, 64-65, 67-68, 76.
2/ 145-146, 159-161, 173-174, 179-180.
3/ T. I 156-158, 219-220, 490-492 / T. II 108-114, 208-212, 441-452, 674-678 / T. III 387-390, 548-549 / T. IV 62-65, 144-146, 330-331, 352-354.

Nature
1/ 15-16, 35, 40-42, 44, 45-48, 63-64, 69-70.
2/ 142-145, 150-152, 157-160, 178-179.
3/ T. I 59-61, 130-131, 271-274, 301-306 / T. III 549 / T. IV 117-129, 211-212, 303-305, 464-465.

Religion
1/ 22-25, 37, 43, 64, 69, 72, 73.
2/ 145-148, 150-151, 155, 170-174, 177-178.
3/ T. I 49-50, 87-90, 491-492 / T. II 41-42 / T. IV 193, 205-206, 483-484, 596-600.

Romantisme
1/ 15-17, 35, 37-38, 40-41, 42, 45-46, 62-64, 66-67.

Sincérité
1/ 18, 22, 35, 45-46, 71-76.

Solitude
1/ 33-34, 36, 38, 39-41, 43, 64-65.
2/ 141-148, 154-158, 160-161, 165-167, 176-178, 181-182.
3/ T. I 116-118, 128-134, 162-164 / T. III 548-549 / T. IV 284-287, 402-403.

Souvenir
1/ 42, 62, 65-66, 69-70.
2/ 145, 149, 150, 166-167, 169-170, 179.
3/ Passim, cf. notamment T. I 4, 63-65, 102-103, 410-411, 461-465 / T. III 126-129, 308-311, 389-390, 396-397, 528-529 / T. IV 235-236, 264-265, 297-298, 464-465, 601-602.

Temps
1/ 42, 43, 62-64, 69.
2/ 148-149, 151, 153, 156, 163, 167, 170.
3/ Passim, cf. par exemple T. I 136-138, 140-141, 156-158, 247-252, 432-433 / T. II 126-128, 673-674.

Voyage
1/ 41-42, 49, 69-70.
2/ 148-152, 159, 167, 175-176, 178-179.
3/ T. I 254-275, 286-305, 355-359 / T. II 86-88, 213-231 / T. III 401-413 / T. IV 107-129, 178-193, 210-213, 284-310, 326-332.

---

1. La première série de références renvoie aux pages du *Profil*, la seconde à l'édition Folio de *René*, la troisième à l'édition Garnier-Flammarion des *Mémoires* (Tomes I, II, III, IV).

Imp. TARDY QUERCY S.A. - 18000 BOURGES
D. L. : Septembre 1987 - Édit. n° 9975 - Imp. n° 13934
Imprimé en France